A-Z PAISLEY

CW00386537

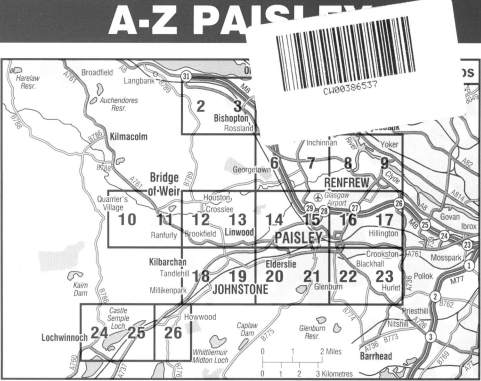

Reference

Motorway	M8
A Road	A726
Under Construction	
Proposed	
B Road	B774
Dual Carriageway	
One Way Street Traffic flow on A roads is also indicated by a heavy line on the Drivers left	→
Pedestrianized Road	
Restricted Access	
Track	========
Footpath	--------

Residential Walkway	··········
Cycleway	🚲
Railway	Level Crossing / Station
Built Up Area	TWEED AV.
Local Authority Boundary	— · — · —
Posttown Boundary By arrangement with the Post Office	
Postcode Boundary Within Posttown	
Map Continuation	▲ 12
Ambulance Station	⊞
Car Park	P

Church or Chapel	†
Fire Station	■
House Numbers A & B Roads only	246 213
Information Centre	ℹ
National Grid Reference	647
Police Station Open 24 Hours	▲
Post Office	★
Toilet With Facilities for the Disabled	▽ ♿
Educational Buildings	
Hospitals & Health Centres	🄷
Leisure Facilities	
Places of Interest	
Public Buildings	
Shopping Centres & Mkts.	
Other Selected Buildings	

Scale 1:15840
4 inches to 1 mile

0 ¼ ½ ¾ Mile

0 250 500 750 Metres 1 Kilometre

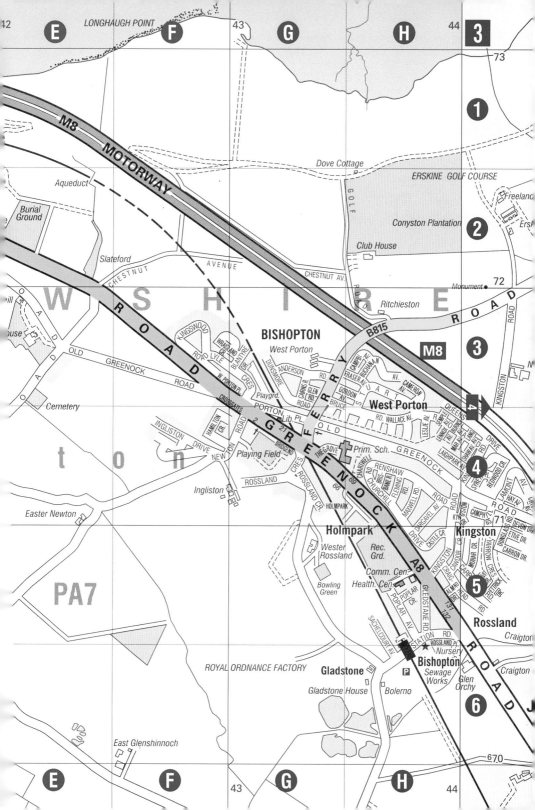

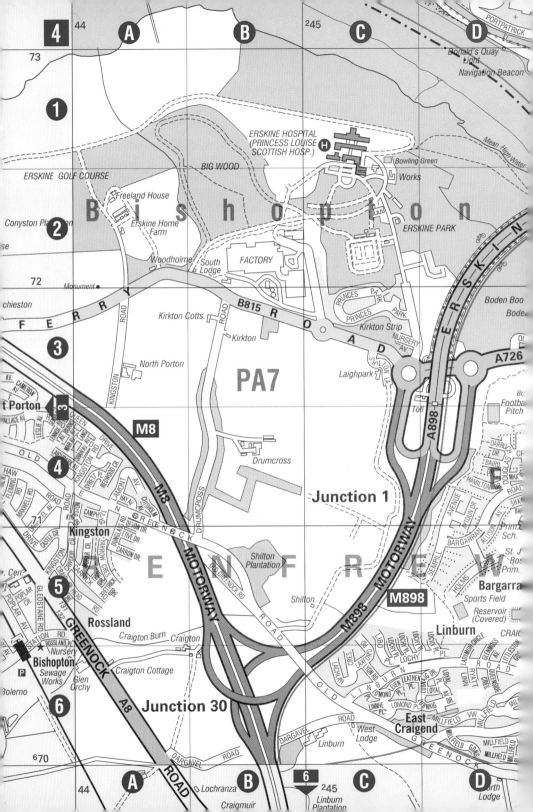

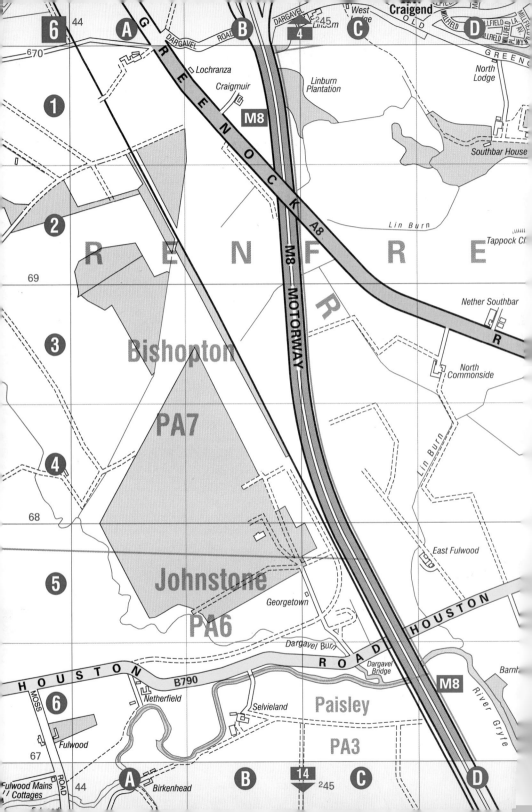

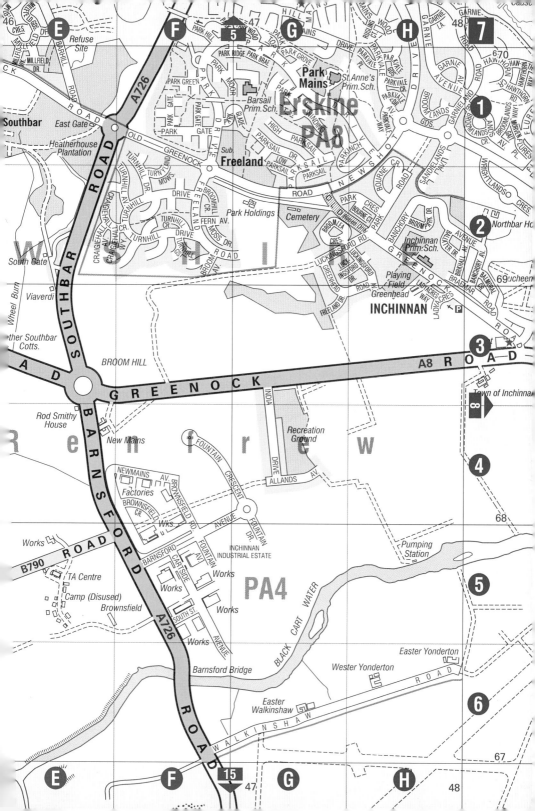

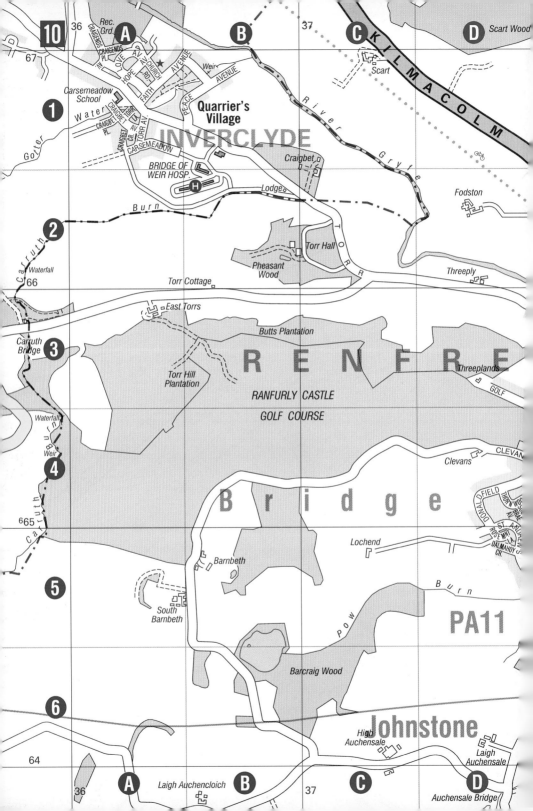

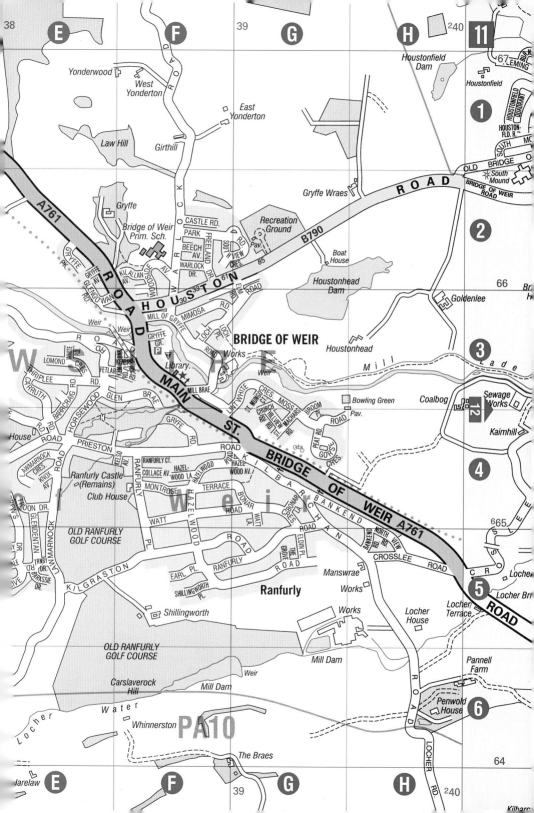

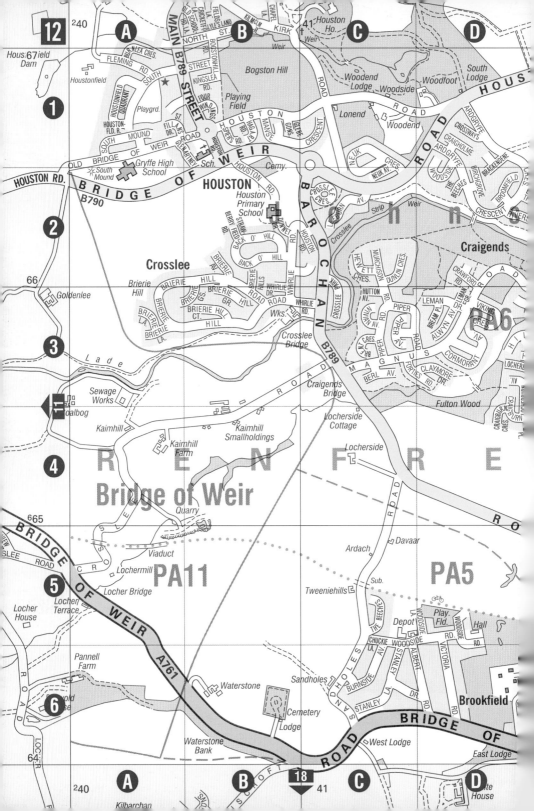

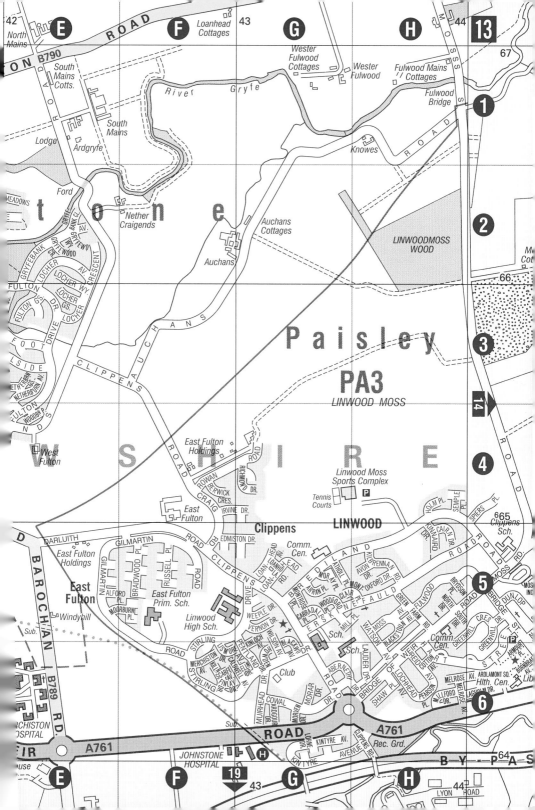

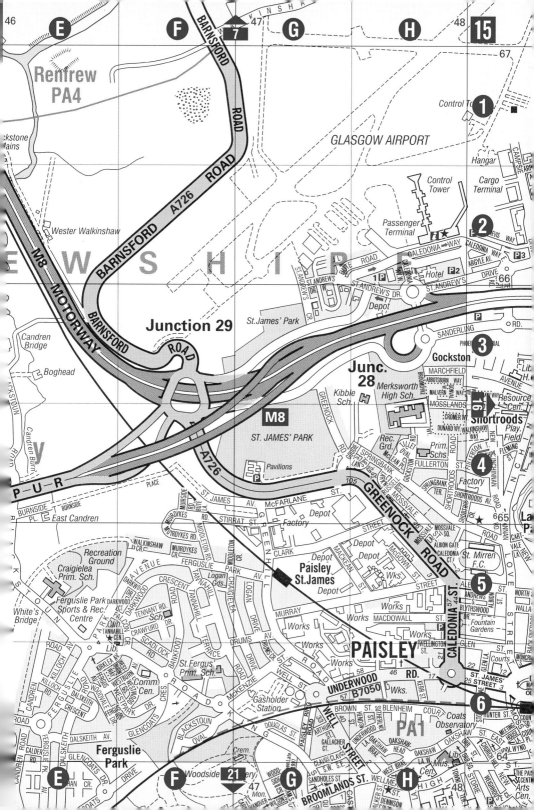

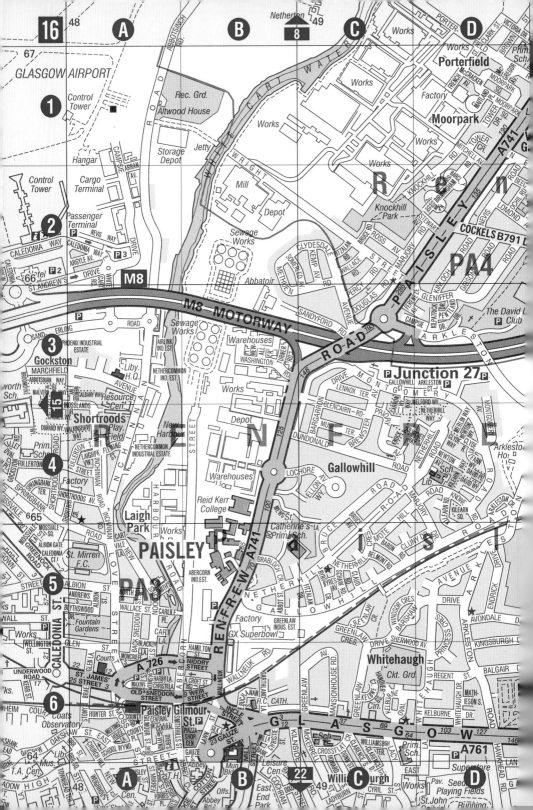

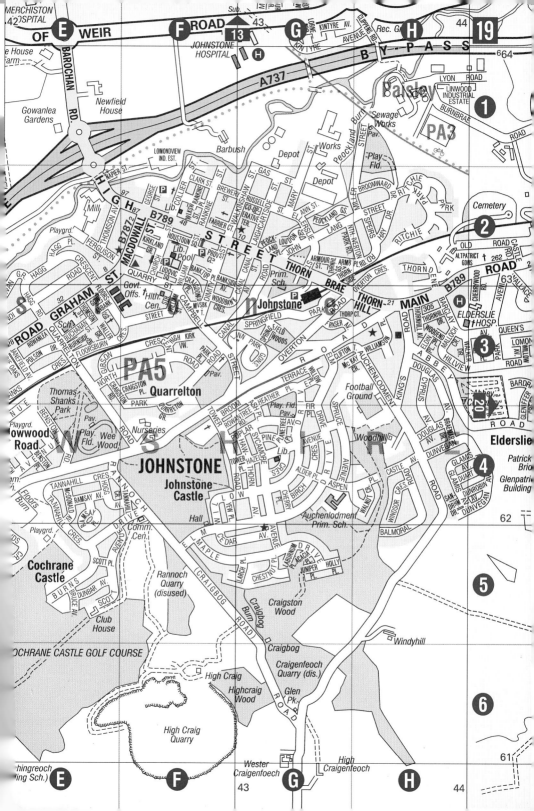

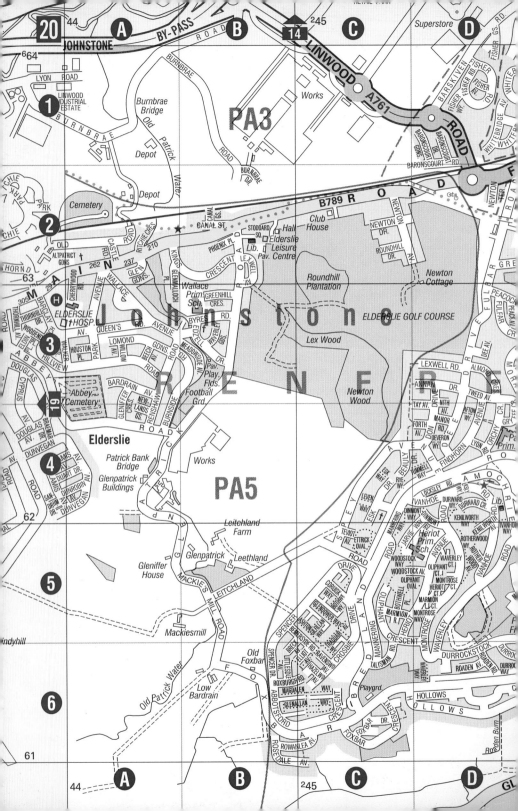

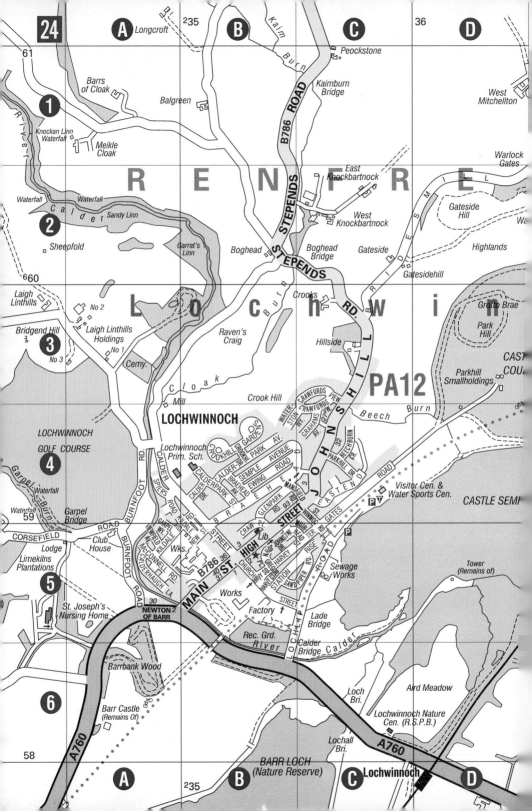

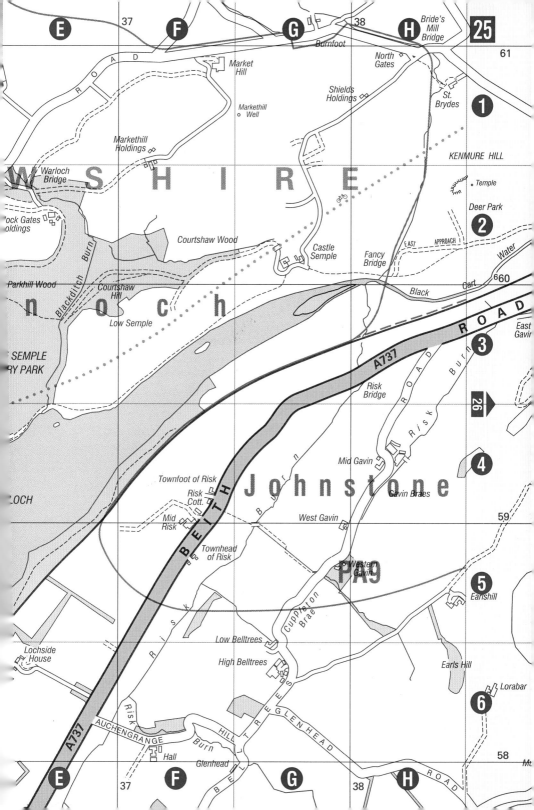

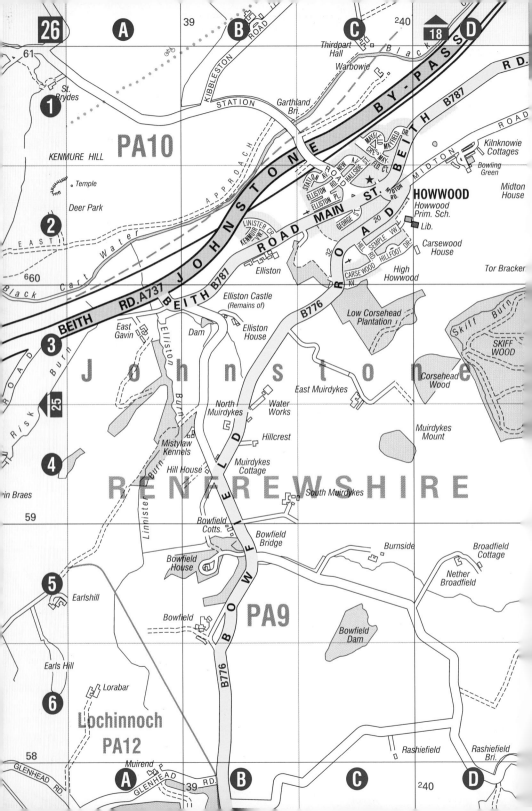

INDEX TO STREETS

HOW TO USE THIS INDEX

1. Each street name is followed by its Postal District (or, if outside the Glasgow Postal District, by its Posttown or Postal Locality), and then by its map reference; e.g. Abbey Rd. *Eld* —3H **19** is in the Elderslie Postal Locality and is to be found in square 3H on page **19**. The page number being shown in bold type.
   A strict alphabetical order is followed in which Av., Rd., St., etc. (though abbreviated) are read in full and as part of the street name; e.g. Benview Ter. appears after Ben Venue Way but before Ben Wyvis Dri.

2. Streets and a selection of Subsidiary names not shown on the Maps, appear in the index in *Italics* with the thoroughfare to which it is connected shown in brackets; e.g. *Amochrie Way. Pais* —4D **20** (off Amochrie Rd.)

3. Railway stations appear in the index in CAPITALS and are referenced to the actual building and not to the station name; e.g. BISHOPTON STATION. *B'ton* —6H **3.**

4. With the now general usage of Postcodes for addressing mail, it is not recommended that this index is used for such a purpose.

GENERAL ABBREVIATIONS

All : Alley
App : Approach
Arc : Arcade
Av : Avenue
Bk : Back
Boulevd : Boulevard
Bri : Bridge
B'way : Broadway
Bldgs : Buildings
Bus : Business
Cvn : Caravan
Cen : Centre
Chu : Church
Chyd : Churchyard
Circ : Circle

Cir : Circus
Clo : Close
Comn : Common
Cotts : Cottages
Ct : Court
Cres : Crescent
Dri : Drive
E : East
Embkmt : Embankment
Est : Estate
Gdns : Gardens
Ga : Gate
Gt : Great
Grn : Green
Gro : Grove

Ho : House
Ind : Industrial
Junct : Junction
La : Lane
Lit : Little
Lwr : Lower
Mnr : Manor
Mans : Mansions
Mkt : Market
M : Mews
Mt : Mount
N : North
Pal : Palace
Pde : Parade
Pk : Park

Pas : Passage
Pl : Place
Quad : Quadrant
Rd : Road
S : South
Sq : Square
Sta : Station
St : Street
Ter : Terrace
Trad : Trading
Up : Upper
Vs : Villas
Wlk : Walk
W : West
Yd : Yard

POSTTOWN AND POSTAL LOCALITY ABBREVIATIONS

Abb : Abbotsinch
B'ton : Bishopton
Bri W : Bridge of Weir
Brkfld : Brookfield
Cast : Castlehead
Clyd : Clydebank
C'lee : Crosslee

Dalm : Dalmuir
Drum : Drumchapel
Eld : Elderslie
Ersk : Erskine
Glas A : Glasgow Airport
H'ton I : Hillington Ind. Est.
Hous : Houston

How : Howwood
Inch : Inchinnan
John : Johnstone
Kilb : Kilbarchan
Lin : Linwood
Lin I : Linwood Ind. Est.
Loch : Lochwinnoch

Mill P : Milliken Park
Old K : Old Kilpatrick
Pais : Paisley
Quar H : Quarrier's Homes
Renf : Renfrew

INDEX TO STREETS

Abbey Clo. *Pais* —1A **22**
Abbey Rd. *Eld* —3H **19**
Abbotsburn Way. *Pais*
—3H **15**
Abbotsford Cres. *Pais*
—6B **20**
Abbotsford Rd. *Clyd* —1D **8**
Abbotsinch Rd. *Pais & Renf*
—2A **16**
Abbotsinch Rd. *Renf* —6A **8**
Abbot St. *Pais* —5B **16**
Abbott Cres. *Clyd* —1F **9**
Aberconway St. *Clyd* —1E **9**
Abercorn Av. *G52* —3G **17**
Abercorn Ind. Est. *Pais*
—5B **16**
Abercorn St. *Pais* —6A **16**
Abernethy Dri. *Lin* —6G **13**
Aboyne Dri. *Pais* —4B **22**
Acacia Dri. *Pais* —4F **21**
Acacia Pl. *John* —5G **19**

Acer Cres. *Pais* —4E **21**
Achray Dri. *Pais* —4E **21**
Adelaide Ct. *Clyd* —2H **5**
Admiralty Gdns. *Old K* —2F **5**
Admiralty Gro. *Old K* —2F **5**
Admiralty Pl. *Old K* —2F **5**
Affric Dri. *Pais* —4D **22**
Afton Dri. *Renf* —6G **9**
Afton Way. *Pais* —4D **20**
Ailsa Dri. *Pais* —6H **21**
Ailsa Rd. *Renf* —1E **17**
Airlink Ind. Est. *Pais* —3A **16**
Albany Way. *Pais* —3A **16**
Albert Rd. *Brkfld* —6C **12**
Albert Rd. *Renf* —6E **9**
Albion Ga. *Pais* —5H **15**
Albion St. *Pais* —5A **16**
Albion Works Ind. Est. *G13*
—2G **9**
Alderman Rd. *G13* —2H **9**
Alder Pl. *John* —4G **19**

Alexandra Dri. *Pais* —2F **21**
Alexandra Dri. *Renf* —6F **9**
Alford Pl. *Lin* —5E **13**
Alice St. *Pais* —3A **22**
Allan Av. *Renf* —2G **17**
Allands Av. *Inch* —4G **7**
Allanton Av. *Pais* —1G **23**
Allison Av. *Ersk* —5D **4**
Alloway Av. *Pais* —5D **22**
Alloway Cres. *Pais* —5D **22**
Alloway Dri. *Pais* —5D **22**
Almond Av. *Renf* —1G **17**
Almond Cres. *Pais* —3D **20**
Almond Dri. *B'ton* —5H **3**
Alton Rd. *Pais* —1E **23**
Altpatrick Gdns. *Eld* —2H **19**
Alwyn Av. *Hous* —3D **12**
Ambassador Way. *Renf*
—2F **17**
Amochrie Dri. *Pais* —5E **21**
Amochrie Rd. *Pais* —4D **20**

Amochrie Way. *Pais* —4D **20**
(off Amochrie Rd.)
Anchor Av. *Pais* —1C **22**
Anchor Cres. *Pais* —2C **22**
Anchor Dri. *Pais* —1C **22**
Anchor Wynd. *Pais* —1C **22**
Anderson Dri. *Renf* —5F **9**
Anderson Rd. *B'ton* —3G **3**
Andrew Av. *Renf* —6G **9**
Andrew Dri. *Clyd* —1E **9**
Andrews St. *Pais* —5A **16**
Angus St. *Clyd* —1G **9**
Annan Dri. *Pais* —3D **20**
Annan Pl. *John* —5C **18**
Anne Av. *Renf* —5F **9**
Ann St. *John* —2G **19**
Anson Way. *Renf* —2E **17**
Aranthrue Cres. *Renf* —5E **9**
Aranthrue Dri. *Renf* —5E **9**
Archerhill Av. *G13* —1H **9**
Archerhill Gdns. *G13* —1H **9**

Archerhill Rd. *G13* —1H **9**
Archerhill Sq. *G13* —1H **9**
Archerhill Ter. *G13* —1H **9**
Ardgour Dri. *Lin* —6G **13**
Ardgowan Av. *Pais* —2B **22**
Ardgowan Ct. *Pais* —2D **22**
Ardgowan St. *Pais* —3B **22**
Ardgryfe Cres. *Hous* —1D **12**
Ardlamont Sq. *Lin* —6A **14**
Ard Rd. *Renf* —5D **8**
Argosy Way. *Renf* —2E **17**
Argyle Av. *Glas A* —2A **16**
Argyle St. *Pais* —1H **21**
Argyll Av. *Renf* —5D **8**
Argyll Rd. *Clyd* —1D **8**
Arkleston Ct. *Pais* —3D **16**
Arkleston Cres. *Pais* —4D **16**
Arkleston Rd. *Pais* —5D **16**
Arkleston Rd. *Renf* —3D **16**
Armour Pl. *John* —2G **19**
Armour Pl. *Lin* —6A **14**
Armour St. *John* —2G **19**
Arran Av. *Glas A* —2A **16**
Arran Dri. *John* —4D **18**
Arran Dri. *Pais* —6A **22**
Arran Pl. *Lin* —5G **13**
Arran Rd. *Renf* —1F **17**
Arrol St. *G52* —4G **17**
(in two parts)
Arthur Rd. *Pais* —5A **22**
Arthur St. *Pais* —6G **15**
Ash Pl. *John* —4G **19**
Ashton Way. *Pais* —5C **20**
Ashtree Ct. *Old K* —1F **5**
Aspen Pl. *John* —4G **19**
Atholl Av. *G52* —3G **17**
(in two parts)
Atholl Cres. *Pais* —5G **17**
Atholl Pl. *Lin* —5G **13**
Atlas St. *Clyd* —1D **8**
Auchans Rd. *Hous* —3F **13**
Auchengrange Hill. *Loch*
　　　　　—6E **25**
Auchengreoch Av. *John*
　　　　　—5D **18**
Auchengreoch Rd. *John*
　　　　　—5D **18**
Auchenlodment Rd. *John*
　　　　　—3H **19**
Auchentorlie Quad. *Pais*
　　　　　—1D **22**
Auchentoshan Est. *Clyd*
　　　　　—1H **5**
Auchmannoch Av. *Pais*
　　　　　—6G **17**
Auckland Pl. *Clyd* —3H **5**
Auldbar Ter. *Pais* —3C **22**
Avondale Dri. *Pais* —5D **16**
Avon Dri. *Lin* —5H **13**
Aytoun Dri. *Ersk* —4D **4**

Back o' Hill. *C'lee* —2B **12**
Bk. Sneddon St. *Pais* —6A **16**
Baird Av. *G52* —3G **17**
Baird Dri. *Ersk* —4D **4**

Balfron Rd. *Pais* —6F **17**
Balgair Dri. *Pais* —6D **16**
Balgonie Av. *Pais* —4E **21**
Balgonie Dri. *Pais* —4G **21**
Balgonie Woods. *Pais*
　　　　　—4G **21**
Ballater Dri. *Inch* —2H **7**
Ballater Dri. *Pais* —4B **22**
Balmedie. *Ersk* —5E **5**
Balmoral Cres. *Inch* —2A **8**
Balmoral Rd. *Eld* —5H **19**
Balvie Av. *G15* —1H **9**
Banchory Av. *Inch* —2H **7**
Bankend. *Bri W* —4G **11**
Bankend Rd. *Bri W* —5H **11**
Bankfoot Rd. *Pais* —6F **15**
Bankhead Av. *G13* —3H **9**
Bankside Av. *John* —2F **19**
Bank St. *Pais* —1B **22**
(in two parts)
Banktop Pl. *John* —2F **19**
Barassie Dri. *Bri W* —5E **11**
Barchan's Rd. *Mill P* —3B **18**
Barclay Av. *Eld* —3H **19**
Barclay Ct. *Old K* —1F **5**
Barclay Sq. *Renf* —2D **16**
Barclay St. *Old K* —2F **5**
Barcraigs Dri. *Pais* —5B **22**
Bardrain Av. *Eld* —3A **20**
Bardrain Rd. *Pais* —6G **21**
Bargarran Rd. *Ersk* —5D **4**
Bargarran Sq. *Ersk* —4E **5**
Bargarron Dri. *Pais* —4C **16**
Barhill Rd. *Ersk* —3E **5**
Barn Grn. *Kilb* —2A **18**
Barnscroft. *Kilb* —1B **18**
Barnsford Av. *Inch* —5F **7**
Barnsford Rd. *Inch* —4E **7**
Barnsford Rd. *Pais* —3E **15**
Barns St. *Clyd* —1E **9**
Barochan Cres. *Pais* —1E **21**
Barochan Rd. *Hous* —2C **12**
Barochan Rd. *Hous* —6B **2**
(Barmore Hill)
Baron Rd. *Pais* —5C **16**
Baronscourt Dri. *Pais* —1D **20**
Baronscourt Gdns. *Pais*
　　　　　—1D **20**
Baronscourt Rd. *Pais* —1D **20**
Baron St. *Renf* —1E **17**
Barra Av. *Renf* —2E **17**
Barra Cres. *Old K* —2G **5**
Barra Gdns. *Old K* —2G **5**
Barra Rd. *Old K* —2G **5**
Barrcraig Rd. *Bri W* —4E **11**
Barrhead Rd. *G53 & G43*
　　　　　—6H **23**
Barrhead Rd. *Pais* —2B **22**
Barrhill Cres. *Kilb* —3B **18**
Barrie Rd. *G52* —4H **17**
Barr Pl. *Pais* —1H **21**
Barscube Ter. *Pais* —3C **22**
Barshaw Dri. *Pais* —5C **16**
Barshaw Pl. *Pais* —6F **17**
Barshaw Rd. *G52* —5G **17**
Barskiven Rd. *Pais* —1D **20**

Barterholm Rd. *Pais* —3A **22**
Bathgo Av. *Pais* —1G **23**
Beardmore Cotts. *Inch* —3A **8**
Beardmore Pl. *Clyd* —4H **5**
Beardmore St. *Clyd* —4H **5**
Beardmore Way. *Clyd* —5H **5**
Beatrice Gdns. *Hous* —3D **12**
Beatty St. *Clyd* —4H **5**
Beauly Dri. *Pais* —4C **20**
Beech Av. *Bri W* —2F **11**
Beech Av. *Eld* —3A **20**
Beech Av. *Pais* —4C **22**
Beechburn Cres. *Loch*
　　　　　—4C **24**
Beeches, The. *Brkfld* —5C **12**
Beeches, The. *Hous* —2D **12**
Beech Rd. *John* —4D **18**
Beechwood Dri. *Renf* —2D **16**
Beith Rd. *How & John*
　　　　　—1C **26**
Beith Rd. *How* —5F **25**
Bell Dri. *G13* —2H **9**
Belleisle Cres. *Bri W* —5E **11**
Bell St. *Clyd* —2F **9**
Bell St. *Renf* —5F **9**
Belltrees Cres. *Pais* —1E **21**
Belltrees Rd. *Loch* —6F **25**
Bell View Ct. *Renf* —5F **9**
Belmont Rd. *Pais* —5C **16**
Belmont St. *Clyd* —1D **8**
Beltrees Cres. *G53* —4H **23**
Bemersyde Rd. *Pais* —5B **20**
Ben Alder Dri. *Pais* —4F **23**
Ben Buie Way. *Pais* —4F **23**
Ben Hope Av. *Pais* —3F **23**
Ben Lawers Dri. *Pais* —3F **23**
Ben Ledi Av. *Pais* —3F **23**
Ben Loyal Av. *Pais* —3F **23**
Ben Lui Dri. *Pais* —4E **23**
Ben More Dri. *Pais* —3F **23**
Ben Nevis Rd. *Pais* —4E **23**
Benston Pl. *John* —4E **19**
Benston Rd. *John* —4E **19**
Ben Vane Av. *Pais* —4E **23**
Ben Venue Way. *Pais* —4F **23**
Benview Ter. *Pais* —3D **22**
Ben Wyvis Dri. *Pais* —4E **23**
Berl Av. *Hous* —3C **12**
Berwick Cres. *Lin* —4F **13**
Bevan Gro. *John* —3E **19**
Birch Cres. *John* —4G **19**
Birchgrove. *Hous* —2D **12**
Birchwood Dri. *Pais* —4F **21**
Birkenshaw Way. *Pais*
　　　　　—3A **16**
(off Mosslands Rd.)
Birkhall Av. *G52* —1H **23**
Birkhall Av. *Inch* —2H **7**
Birmingham Rd. *Renf*
　　　　　—2D **16**
Birnock Av. *Renf* —2G **17**
BISHOPTON STATION. *B'ton*
　　　　　—6H **3**
Bisset Ct. *John* —4E **19**
(off Tannahill Cres.)
Blackford Rd. *Pais* —3C **22**

Blackhall Ct. *Pais* —2D **22**
Blackhall La. *Pais* —2B **22**
Blackhall St. *Pais* —2B **22**
Blacklaw La. *Pais* —6A **16**
Blackstoun Av. *Lin* —5H **13**
Blackstoun Oval. *Pais* —6F **15**
Blackstoun Rd. *Pais* —3E **15**
Blackwood Av. *Lin* —6G **13**
Bladda La. *Pais* —1B **22**
Blair Rd. *Pais* —6G **17**
Blantyre Ct. *Ersk* —4E **5**
Blantyre Dri. *B'ton* —3G **3**
Blawart Hill St. *G14* —4H **9**
Blenheim Ct. *Pais* —6H **15**
Blythswood Av. *Renf* —5F **9**
Blythswood Dri. *Pais* —5A **16**
Blythswood Rd. *Renf* —5F **9**
Bogstonhill Rd. *Hous* —1B **12**
Bon Accord Sq. *Clyd* —1D **8**
Bonar Cres. *Bri W* —4G **11**
Bonar La. *Bri W* —4G **11**
Bonyton Av. *G13* —3H **9**
Boswell Sq. *G52* —4H **17**
Bothwell Pl. *Pais* —5C **20**
Bothwick Way. *Pais* —5C **20**
Bourne Ct. *Inch* —2H **7**
Bourne Cres. *Inch* —2H **7**
Bouverie St. *G14* —3G **9**
Bowfield Av. *G52* —5H **17**
Bowfield Cres. *G52* —5H **17**
Bowfield Dri. *G52* —5H **17**
Bowfield Path. *G52* —5H **17**
Bowfield Pl. *G52* —5H **17**
Bowfield Rd. *How* —5B **26**
Boyle St. *Clyd* —1F **9**
Brabloch Cres. *Pais* —5B **16**
Brackendene. *Hous* —2D **12**
Brackla Av. *Clyd* —1G **9**
Bradan Av. *Clyd* —2G **9**
Braefoot Cres. *Pais* —6B **22**
Braehead. *Loch* —4B **24**
Braehead Av. *Loch* —4B **24**
Braehead Rd. *Pais* —6G **21**
Braemar Cres. *Pais* —4B **22**
Braemar Dri. *Eld* —4H **19**
Braemar Rd. *Inch* —2H **7**
Braemount Av. *Pais* —6G **21**
Braes Av. *Clyd* —1F **9**
Braeview Av. *Pais* —6F **21**
Braeview Dri. *Pais* —6F **21**
Braeview Gdns. *Pais* —6F **21**
Braeview Rd. *Pais* —6F **21**
Braid's Rd. *Pais* —4A **22**
Braidwood Pl. *Lin* —5F **13**
Bream Pl. *Hous* —3D **12**
Breck Av. *Pais* —6B **20**
Brediland Av. *Lin* —5G **13**
Brediland Rd. *Pais* —6C **20**
Brent Cres. *Hous* —3C **12**
Brewery St. *John* —2F **19**
Brewster Av. *Pais* —4C **16**
Brick La. *Pais* —6B **16**
Bridesmill Rd. *Loch* —3C **24**
Bridgend. *B'ton* —4G **3**
Bridge of Weir Rd. *Bri W*
　　　　　—4G **11**

Bridge of Weir Rd.
    Brkfld & Lin —6C **12**
Bridge of Weir Rd. *Hous*
    —2A **12**
Bridge St. *Lin* —5A **14**
Bridge St. *Pais* —1A **22**
Bridgewater Ind. Pk. *Ersk*
    —5F **5**
Bridgewater Shopping Cen.
    Ersk —5F **5**
Brierie Av. *C'lee* —2B **12**
Brierie Gdns. *C'lee* —3B **12**
Brierie Hill Ct. *C'lee* —3B **12**
Brierie Hill Gro. *C'lee* —3B **12**
Brierie Hill Rd. *C'lee* —3A **12**
Brierie Hills. *C'lee* —2B **12**
Brierie La. *C'lee* —3A **12**
Brisbane Rd. *B'ton* —4H **3**
Brisbane St. *Clyd* —3H **5**
Britannia Way. *Renf* —2E **17**
Broadloan. *Renf* —1E **17**
Brockburn Rd. *G53* —3H **23**
Brodie Pk. Av. *Pais* —3A **22**
Brodie Pk. Cres. *Pais* —3H **21**
Brodie Pk. Gdns. *Pais*
    —3A **22**
Broom Av. *Ersk* —2F **7**
Broomdyke Way. *Pais*
    —3H **15**
Broomfield. *Hous* —2D **12**
Broomhill Cres. *Ersk* —2F **7**
Broomlands Av. *Ersk* —1A **8**
Broomlands Cres. *Ersk*
    —1A **8**
Broomlands Gdns. *Ersk*
    —1H **7**
Broomlands St. *Pais* —1F **21**
Broomlands Way. *Ersk* —1A **8**
Broomlea Cres. *Inch* —2G **7**
Broompark Dri. *Inch* —2H **7**
Broom Pl. *Bri W* —4G **11**
Broom Ter. *John* —4F **19**
Broomward Dri. *John*
    —2H **19**
Brora Dri. *Renf* —6G **9**
Brown Av. *Clyd* —1F **9**
Brownsfield Cres. *Inch* —4F **7**
Brownsfield Rd. *Inch* —4F **7**
Brownside Av. *Pais* —6G **21**
Brownside Dri. *G13* —3H **9**
Brown's La. *Pais* —1A **22**
Brown St. *Pais* —6G **15**
Brown St. *Renf* —1D **16**
Bruce Av. *John* —5E **19**
Bruce Av. *Pais* —4C **16**
Bruce Rd. *B'ton* —3G **3**
Bruce Rd. *Pais* —5C **16**
Bruce Rd. *Renf* —2C **16**
Bruce St. *Clyd* —1D **8**
Brydson Pl. *Lin* —5H **13**
Buccleuch Av. *G52* —3G **17**
Buchanan Av. *B'ton* —3H **3**
Buchanan St. *John* —3E **19**
Buchlyvie Rd. *Pais* —6G **17**
Buckie. *Ersk* —4E **5**
Bulldale Rd. *G14* —4G **9**

Bulldale St. *G14* —3G **9**
Bullwood Av. *G53* —5H **23**
Bullwood Ct. *G53* —5H **23**
Bullwood Dri. *G53* —4H **23**
Bullwood Gdns. *G53* —4H **23**
Bullwood Pl. *G53* —4H **23**
Burnbrae Av. *Lin* —6A **14**
Burnbrae Dri. *Lin* —2B **20**
Burnbrae Rd. *Lin I* —1H **19**
Burnfoot Cres. *Pais* —5G **21**
Burnfoot Rd. *Loch* —5A **24**
Burnham Rd. *G14* —5H **9**
Burnhaven. *Ersk* —5E **5**
Burnlea Cres. *Hous* —1A **12**
Burns Av. *B'ton* —4H **3**
Burns Dri. *John* —5E **19**
Burnside Av. *Brkfld* —6C **12**
Burnside Gdns. *Mill P*
    —3B **18**
Burnside Gro. *John* —3E **19**
Burnside Rd. *Eld* —4A **20**
Burns St. *Clyd* —4H **5**
Bushes Av. *Pais* —4H **21**
Bute Av. *Renf* —2F **17**
Bute Cres. *Pais* —6H **21**
Bute Dri. *John* —4D **18**
Bute La. *Pais* —4F **15**
Bute Rd. *Glas A* —2G **15**
Byres Av. *Pais* —5C **16**
Byres Cres. *Pais* —5C **16**
Byres Rd. *Eld* —3B **20**

Cairn Av. *Renf* —2G **17**
Cairn Dri. *Lin* —5H **13**
Cairngorm Cres. *Pais* —4A **22**
Cairnhill Cir. *G52* —2H **23**
Cairnhill Dri. *G52* —2H **23**
Cairnhill Pl. *G52* —2H **23**
Cairns Rd. *B'ton* —3G **3**
Calder Dri. *Loch* —4B **24**
Calderhaugh La. *Loch*
    —5A **24**
Calderpark Av. *Loch* —4B **24**
Calderpark St. *Loch* —4B **24**
Calder Rd. *Pais* —6E **15**
Calder St. *Loch* —4A **24**
Caldwell Av. *Lin* —6H **13**
Caledonia Ct. *Pais* —5H **15**
Caledonia St. *Pais* —6H **15**
Caledonia Way. *Glas A*
    —2H **15**
Caledonia Way E. *Glas A*
    —2A **16**
Caledonia Way W. *Glas A*
    —2H **15**
Calside. *Pais* —3H **21**
Calside Av. *Pais* —2H **21**
Cambridge Rd. *Renf* —1E **17**
Cameron Av. *B'ton* —3H **3**
Cameron St. *G52* —4G **17**
Campbell Av. *B'ton* —3H **3**
Campbell St. *John* —3F **19**
Campbell St. *Renf* —5F **9**

Camphill. *Pais* —2H **21**
Camphill Gdns. *B'ton* —4A **4**
Camps Cres. *Renf* —1G **17**
Campsie Dri. *Abb* —1A **16**
Campsie Dri. *Pais* —5H **21**
Campsie Dri. *Renf* —3C **16**
Canal Av. *John* —3G **19**
Canal Gdns. *Eld* —2B **20**
Canal Rd. *John* —3F **19**
Canal St. *Clyd* —1D **8**
Canal St. *Eld* —2B **20**
Canal St. *John* —2G **19**
Canal St. *Pais* —1H **21**
Canal St. *Renf* —5F **9**
Canal Ter. *Pais* —1A **22**
Candren Rd. *Lin* —6B **14**
Candren Rd. *Pais* —6E **15**
Cannich Dri. *Pais* —4D **22**
Caplaw Rd. *Pais* —6G **21**
Caplethill Rd. *Pais* —6A **22**
Caravelle Way. *Renf* —2F **17**
Carbrook St. *Pais* —1G **21**
Cardell Av. *Pais* —2E **21**
Cardell Dri. *Pais* —2E **21**
Cardell Rd. *Pais* —2E **21**
Carlibar Av. *G13* —3H **9**
Carlile Pl. *Pais* —5A **16**
Carlyle Av. *G52* —3H **17**
Carnegie Rd. *G52* —4H **17**
Carradale Pl. *Lin* —5G **13**
Carriagehill Av. *Pais* —3A **22**
Carriagehill Dri. *Pais* —4A **22**
Carrick Rd. *B'ton* —5A **4**
Carron Dri. *B'ton* —5A **4**
Carron Way. *Pais* —4C **16**
Carruth Rd. *Bri W* —3E **11**
Carsegreen Av. *Pais* —6F **21**
Carsemeadow. *Bri W* —1A **10**
Carsewood Av. *How* —2C **26**
Cartha Cres. *Pais* —2C **22**
Cart La. *Pais* —5A **16**
Cartside Av. *Inch* —5F **7**
Cartside Av. *John* —4D **18**
Cart St. *Clyd* —1D **8**
Cartvale La. *Pais* —5A **16**
Cassley Av. *Renf* —1H **17**
Castle Av. *Eld* —4H **19**
Castle Cres. *B'ton* —5H **3**
Castle Gait. *Pais* —2H **21**
Castle Gdns. *Pais* —2E **21**
Castlehill Cres. *Renf* —5F **9**
Castle Rd. *Bri W* —2F **11**
Castle Rd. *Eld* —2A **20**
Castle Sq. *Clyd* —4H **5**
Castle St. *Clyd* —4H **5**
Castle St. *Pais* —1H **21**
Castle Ter. Bri W —4G **11**
    (off Kilbarchan Rd.)
Castleview Av. *Pais* —6E **21**
Castleview Dri. *Pais* —6E **21**
Castleview Pl. *Pais* —6E **21**
Cathcart Cres. *Pais* —2C **22**
Causeyside St. *Pais* —2A **22**
    (in two parts)
Cawdor Cres. *B'ton* —5H **3**

Cedar Av. *Clyd* —3H **5**
Cedar Av. *John* —5F **19**
Cedar Ct. *Kilb* —2A **18**
Centenary Ct. *Clyd* —1D **8**
Central Rd. *Pais* —6A **16**
Central Way. *Pais* —6A **16**
Chalmers St. *Clyd* —1D **8**
Chapelhill Rd. *Pais* —3C **22**
Chapel La. *Hous* —1B **12**
Charles Av. *Renf* —5F **9**
Charlotte Pl. *Pais* —3A **22**
Chartwell Rd. *B'ton* —4H **3**
Cherry Pl. *John* —4G **19**
Cherrywood Rd. *Eld* —3A **20**
Chestnut Av. *B'ton* —2F **3**
    (in two parts)
Chestnut Pl. *John* —5G **19**
Cheviot Rd. *Pais* —4A **22**
Chirnside Rd. *G52* —5H **17**
Chisholm Av. *B'ton* —4A **4**
Christie La. *Pais* —6A **16**
Christie St. *Pais* —6B **16**
Chuckie La. *Brkfld* —5C **12**
Church Hill. *Pais* —6A **16**
Churchill Av. *John* —6C **18**
Churchill Dri. *B'ton* —4H **3**
Churchill Dri. *Kilb* —2A **18**
Church Pl. *Old K* —1E **5**
Church Rd. *Bri W* —4G **11**
Church Rd. *Loch* —5B **24**
Church Rd. *Quar H* —1A **10**
Church St. *John* —2F **19**
Church St. *Kilb* —2A **18**
Clairinch Gdns. *Renf* —2E **17**
Clarence Dri. *Pais* —6C **16**
Clarence St. *Pais* —6C **16**
Clark St. *John* —2F **19**
Clark St. *Pais* —5G **15**
Clark St. *Renf* —6D **8**
Claud Rd. *Pais* —5C **16**
Clavens Rd. *G52* —5G **17**
Claverhouse Pl. *Pais* —2C **22**
Claverhouse Rd. *H'ton I*
    —4H **17**
Clavering St. E. *Pais* —6G **15**
Clavering St. W. *Pais* —6G **15**
Claymore Dri. *Hous* —3D **12**
Clevans Rd. *Bri W* —4D **10**
Clifton Ter. *John* —3G **19**
Clippens Rd. *Hous* —3E **13**
Clippens Rd. *Lin* —6H **13**
Clochoderick Av. *Mill P*
    —3B **18**
Cluny Dri. *Pais* —5C **16**
Clydebank Ind. Est. *Clyd*
    —5H **5**
Clydeholm Ter. *Clyd* —2F **9**
Clyde Pl. *John* —5G **19**
Clyde Rd. *Pais* —4D **16**
Clydesdale Av. *Pais* —2C **16**
Clyde St. *Clyd* —1E **9**
Clyde St. *Renf* —4F **9**
Clyde View. *Pais* —3D **22**
Clyde Way. *Pais* —4D **16**
Coats Dri. *Pais* —2F **21**
Cochno St. *Clyd* —1E **9**

Cochranemill Rd. *John*
—4C **18**
Cochran St. *Pais* —1B **22**
Cockels Loan. *Renf* —2D **16**
Coldingham Av. *G14* —3G **9**
Coldstream Dri. *Pais* —4E **21**
Colinslee Av. *Pais* —4B **22**
Colinslee Cres. *Pais* —4B **22**
Colinslee Dri. *Pais* —4B **22**
Collace Av. *Bri W* —4F **11**
Coll Av. *Renf* —2F **17**
Collier St. *John* —2F **19**
Colmonell Av. *G13* —2H **9**
Colonsay Av. *Renf* —2E **17**
Colonsay Rd. *Pais* —6H **21**
Convair Way. *Renf* —2F **17**
Co-operative Ter. *John*
—2G **19**
Cormorant Av. *Hous* —3D **12**
Corrie Dri. *Pais* —1G **23**
Corsebar Av. *Pais* —3G **21**
Corsebar Cres. *Pais* —4G **21**
Corsebar Dri. *Pais* —3G **21**
Corsebar La. *Pais* —4F **21**
Corsebar Rd. *Pais* —4F **21**
Corsebar Way. *Pais* —2G **21**
Corsefield Rd. *Loch* —5A **24**
Corseford Av. *John* —5C **18**
Corse Rd. *G52* —5G **17**
Coruisk Way. *Pais* —5C **20**
Cotton Av. *Lin* —6H **13**
Cotton St. *Pais* —1B **22**
County Pl. *Pais* —6A **16**
County Sq. *Pais* —6A **16**
Cowal Dri. *Lin* —6G **13**
Cowdray Cres. *Renf* —6F **9**
Craggan Dri. *G14* —3H **9**
Crags Av. *Pais* —4B **22**
Crags Cres. *Pais* —3B **22**
Crags Rd. *Pais* —4B **22**
Craigbet Av. *Quar H* —1A **10**
Craigbet Cres. *Quar H*
—1A **10**
Craigbet Pl. *Quar H* —1A **10**
Craigbog Av. *John* —4D **18**
Craigbog Rd. *John* —5F **19**
Craigburn Av. *Hous* —3D **12**
Craigburn Cres. *Hous*
—4D **12**
Craigburn Pl. *Hous* —4D **12**
Craigdonald Pl. *John* —2F **19**
Craigendon Oval. *Pais*
—6G **21**
Craigendon Rd. *Pais* —6G **21**
Craigends Av. *Quar H* —1A **10**
Craigends Dri. *Kilb* —2A **18**
Craigends Pl. *Quar H* —1A **10**
Craigends Rd. *Hous* —4D **12**
Craigenfeoch Av. *John*
—4D **18**
Craigfaulds Av. *Pais* —3F **21**
Craighead Rd. *B'ton* —5H **3**
Craigholme. *Hous* —1D **12**
Craigiebar Dri. *Pais* —5G **21**
Craigiehall Av. *Ersk* —2E **7**
Craigiehall Cres. *Ersk* —2E **7**

Craigiehall Way. *Ersk* —2E **7**
Craigielea Ct. *Renf* —5E **9**
Craigielea Dri. *Pais* —5F **15**
Craigielea Pk. *Renf* —6E **9**
Craigielea Rd. *Renf* —6E **9**
Craigielinn Av. *Pais* —6F **21**
Craigmuir Cres. *G52* —5H **17**
Craigmuir Pl. *G52* —5G **17**
Craigmuir Rd. *G52* —5G **17**
Craig Rd. *Lin* —4F **13**
Craigston Pl. *John* —3F **19**
Craigston Rd. *John* —3E **19**
Craigview Av. *John* —5D **18**
Craigview Ter. *John* —4D **18**
Cramond Av. *Renf* —1G **17**
Crauchlan Av. *Pais* —5A **22**
Crawford Rd. *Hous* —2D **12**
Crawfurd Dri. *Pais* —5F **15**
Crawfurds View. *Loch*
—3C **24**
Craw Pl. *Loch* —5B **24**
Craw Rd. *Pais* —2G **21**
Creran Rd. *Renf* —5D **8**
Crestlea Av. *Pais* —5A **22**
Cromer Way. *Pais* —4H **15**
Cronberry Quad. *G52*
—2H **23**
Cronberry Ter. *G52* —2H **23**
Crookhill Dri. *Loch* —4B **24**
Crookhill Gdns. *Loch* —4B **24**
Crookston Av. *G52* —1H **23**
Crookston Ct. *G52* —1H **23**
Crookston Dri. *Pais & G52*
—1H **23**
Crookston Gdns. *G52*
—1H **23**
Crookston Gro. *G52* —1H **23**
Crookstonhill Path. G52
—1H **23**
(off Crookston Quad.)
Crookston Path. G52 —1H **23**
(off Crookston Quad.)
Crookston Pl. *G52* —1H **23**
Crookston Quad. *G52*
—1H **23**
Crookston Rd. *G52* —2H **23**
Crookston Rd. *G53* —6H **23**
CROOKSTON STATION. *G52*
—1H **23**
Crookston Ter. *G52* —1H **23**
Crosbie Dri. *Pais* —6C **20**
Crosbie Wood. *Pais* —4F **21**
Crossflat Cres. *Pais* —6C **16**
Crossgates. *B'ton* —3F **3**
Crosslee Cres. *Hous* —2C **12**
Crosslee Pk. *C'lee* —3C **12**
Crosslee Rd. *Bri W* —5H **11**
Cross Rd. *Pais* —3F **21**
Cross St. *Pais* —1G **21**
Cross, The. *Kilb* —2A **18**
Cross, The. *Pais* —6A **16**
Crossways. *Hous* —1D **12**
Crovie Rd. *G53* —6H **23**
Cruachan Av. *Renf* —2E **17**
Culbin Dri. *G13* —1H **9**
Cullen. *Ersk* —4E **5**

Cumbrae Rd. *Pais* —6A **22**
Cumbrae Rd. *Renf* —2F **17**
Cunard Ct. *Clyd* —1D **8**
Cunard St. *Clyd* —1D **8**
Cunninghame Rd. *Kilb*
—2B **18**
Cunningham Rd. *G52*
—3H **17**
Curlew Pl. *John* —6C **18**
*Currie Ct. John —4E **19***
(off Tannahill Cres.)
Cyprus Av. *Eld* —3H **19**
Cyril St. *Pais* —1C **22**

Daer Av. *Renf* —2G **17**
Dakota Way. *Renf* —2F **17**
Dalfoil Ct. *Pais* —1H **23**
Dalgarroch Av. *Clyd* —1G **9**
Dalhousie Rd. *Mill P* —3B **18**
Dalmahoy Cres. *Bri W*
—5D **10**
Dalmary Dri. *Pais* —5D **16**
Dalnottar Av. *Old K* —1F **5**
Dalnottar Dri. *Old K* —2F **5**
Dalnottar Gdns. *Old K* —2F **5**
Dalnottar Hill Rd. *Old K*
—2F **5**
Dalnottar Ter. *Old K* —1F **5**
Dalskeith Av. *Pais* —6E **15**
Dalskeith Cres. *Pais* —6E **15**
Dalskeith Rd. *Pais* —1E **21**
Dalziel Rd. *H'ton I* —3H **17**
Dargavel Av. *B'ton* —4H **3**
Dargavel Rd. *B'ton* —6A **4**
(in two parts)
Darkwood Ct. *Pais* —5F **15**
Darkwood Cres. *Pais* —5F **15**
Darkwood Dri. *Pais* —5F **15**
Darluith Rd. *Lin* —5E **13**
Darroch Dri. *Ersk* —4D **4**
Darvel Cres. *Pais* —1F **23**
Darwin Pl. *Clyd* —3H **5**
Davaar Dri. *Pais* —6A **22**
Davaar Rd. *Renf* —2F **17**
David Pl. *Pais* —4D **16**
Davidson St. *Clyd* —1G **9**
David Way. *Pais* —4D **16**
Deanfield Quad. *G52* —5H **17**
Dean Pk. Rd. *Renf* —1G **17**
Deanside Rd. *G52* —3H **17**
Deanside Transit Depot. *G52*
—2H **17**
Dean St. *Clyd* —1E **9**
Dee Av. *Pais* —3D **20**
Dee Av. *Renf* —6G **9**
Dee Dri. *Pais* —4D **20**
Dee Pl. *John* —5C **18**
Delhi Av. *Clyd* —3G **5**
Denewood Av. *Pais* —5H **21**
Deveron Way. *Pais* —4D **20**
Devon Dri. *B'ton* —4A **4**
Dimity St. *John* —3F **19**
Dinmont Av. *Pais* —4D **20**
Dinmont Way. *Pais* —4C **20**
Dirleton Dri. *Pais* —4E **21**

Dixon St. *Pais* —1B **22**
Dochart Av. *Renf* —2G **17**
Dock St. *Clyd* —2F **9**
Donaldfield Rd. *Bri W*
—4D **10**
Donaldson Dri. *Renf* —6E **9**
Donaldswood Pk. *Pais*
—5G **21**
Donaldswood Rd. *Pais*
—5G **21**
Don Av. *Renf* —1G **17**
Don Dri. *Pais* —4D **20**
Don Pl. *John* —5C **18**
Dornal Av. *G13* —2G **9**
Dosk Av. *G13* —1H **9**
Dosk Pl. *G13* —1H **9**
Douglas Av. *Eld* —3H **19**
Douglas Cres. *Ersk* —4D **4**
Douglas Rd. *Renf* —3C **16**
Douglas St. *Pais* —6G **15**
Drumcross Rd. *B'ton* —4B **4**
Drummond Dri. *Pais* —1F **23**
Drums Av. *Pais* —5G **15**
Drums Cres. *Pais* —6G **15**
Dryburgh Av. *Pais* —4E **21**
Drysdale St. *G14* —4H **9**
Duart Dri. *Eld* —4H **19**
Duchray Dri. *Pais* —2G **23**
Duke St. *Pais* —3A **22**
Dumbarton Rd. *G14* —3G **9**
Dumbarton Rd. *Old K* —1E **5**
Dunard Way. *Pais* —4H **15**
Dunbar Av. *John* —5E **19**
Dunbar Dri. *Pais* —4E **21**
Dunchurch Rd. *Pais* —6F **17**
Duncraig Cres. *John* —5D **18**
Dundonald Av. *John* —4D **18**
Dundonald Rd. *Pais* —4C **16**
Dunearn Pl. *Pais* —2C **22**
Dunglass Rd. *B'ton* —5A **4**
Dunholme Pk. *Clyd* —4H **5**
Dunlin Cres. *C'lee* —2C **12**
Dunlop Cres. *Renf* —5F **9**
Dunlop St. *Lin* —5A **14**
*Dunlop St. Renf —5F **9***
(off Dunlop Cres.)
Dunmore St. *Clyd* —1E **9**
Dunnet Dri. *C'lee* —2B **12**
Dunn Sq. *Pais* —1A **22**
Dunn St. *Clyd* —4H **5**
Dunn St. *Pais* —6C **16**
Dunrobin Av. *Eld* —4A **20**
Dunsmore Rd. *B'ton* —3G **3**
Duntreath Av. *G13* —1G **9**
Duntreath Av. *G15* —1H **9**
Dunvegan Av. *Eld* —4H **19**
Dunvegan Quad. *Renf* —5D **8**
Dunwan Av. *G13* —2H **9**
Dunwan Pl. *G13* —2H **9**
Durban Av. *Clyd* —3G **5**
Durrockstock Cres. *Pais*
—6D **20**
Durrockstock Rd. *Pais*
—6D **20**
Durrockstock Way. *Pais*
—6D **20**

Durward Cres. *Pais* —4D **20**
Durward Way. *Pais* —4D **20**
Dyer's Wynd. *Pais* —6A **16**
Dykebar Cres. *Pais* —3D **22**
Dyke Rd. *G14* —4H **9**

Earl Haig Rd. *G52* —4H **17**
Earl Pl. *Bri W* —5F **11**
Earn Av. *Renf* —1G **17**
East App. *John* —2H **25**
East Av. *Renf* —6F **9**
E. Barns St. *Clyd* —1F **9**
E. Buchanan St. *Pais* —6B **16**
Eastend. *Loch* —4C **24**
East La. *Pais* —1C **22**
East Rd. *Kilb* —1A **18**
Easwald Bank. *Mill P* —3B **18**
Eden Pl. *Renf* —1G **17**
Edison St. *G52* —3G **17**
  (in three parts)
Edmiston Dri. *Lin* —5F **13**
Edmonstone Ct. *Clyd* —2F **9**
Edward Av. *Renf* —5G **9**
Edward St. *Clyd* —2F **9**
Edzell Dri. *Eld* —3B **20**
Eldin Pl. *Bri W* —5G **11**
Eldin Pl. *Eld* —3H **19**
Elizabethan Way. *Renf*
  —2E **17**
Ellerslie St. *John* —2G **19**
Ellinger Ct. *Clyd* —3H **5**
Elliot Av. *Pais* —6C **20**
Elliston Pl. *How* —2C **26**
Elliston Rd. *How* —2C **26**
Ellon Dri. *Lin* —6G **13**
Ellon Way. *Pais* —4C **16**
Elm Av. *Renf* —5E **9**
Elm Dri. *John* —5F **19**
Elm Rd. *Bri W* —2G **11**
Elm Rd. *Pais* —4C **22**
Endrick Dri. *Pais* —5D **16**
Eriskay Dri. *Old K* —1G **5**
Eriskay Pl. *Old K* —1G **5**
Erskine Bri. *B'ton* —3D **4**
Erskinefauld Rd. *Lin* —5G **13**
Erskine Ferry Rd. *Old K* —2F **5**
Erskine Sq. *G52* —4H **17**
Erskine View. *Old K* —1E **5**
Esk Av. *Renf* —1G **17**
Esk Dri. *Pais* —4C **20**
Esk St. *G14* —4H **9**
Esk Way. *Pais* —4C **20**
Espedair St. *Pais* —2A **22**
Etive Dri. *B'ton* —5A **4**
Ettrick Av. *Renf* —1H **17**
Ettrick Dri. *B'ton* —5A **4**
Ettrick Oval. *Pais* —5C **20**
Ettrick Ter. *John* —5C **18**
Ewing Rd. *Loch* —4B **24**
Ewing St. *Kilb* —2A **18**

Fairway Av. *Pais* —5H **21**
Faith Av. *Bri W* —1A **10**
Falcon Cres. *Pais* —5F **15**

Falcon Rd. *John* —6D **18**
Falside Av. *Pais* —4A **22**
Falside Rd. *Pais* —4H **21**
Farm Rd. *Dalm* —4H **5**
Farrier Ct. *John* —2F **19**
Faskin Cres. *G53* —6H **23**
Faskin Pl. *G53* —6H **23**
Faskin Rd. *G53* —6H **23**
Fauldshead Rd. *Renf* —6E **9**
Fauldswood Cres. *Pais*
  —3F **21**
Fauldswood Dri. *Pais* —3F **21**
Felton Pl. *G13* —2H **9**
Fereneze Av. *Renf* —3C **16**
Fereneze Cres. *G13* —2H **9**
Fereneze Dri. *Pais* —5F **21**
Fergus Av. *Pais* —6E **15**
Fergus Dri. *Pais* —6E **15**
Ferguslie. *Pais* —2D **20**
Ferguslie Pk. Av. *Pais*
  —6E **15**
Ferguslie Pk. Oval. *Pais*
  —6E **15**
Ferguslie Wlk. *Pais* —1F **21**
  (in two parts)
Ferguson Av. *Renf* —6F **9**
Ferguson St. *John* —2E **19**
Ferguson St. *Renf* —5F **9**
Fern Av. *Ersk* —2F **7**
Ferry Rd. *B'ton* —4G **3**
Ferry Rd. *Renf* —5F **9**
Fetlar Rd. *Bri W* —3E **11**
Fifth Av. *Renf* —1E **17**
Finart Dri. *Pais* —4D **22**
Finch Dri. *G13* —1H **9**
Finch Pl. *John* —6D **18**
Findhorn. *Ersk* —4E **5**
Findhorn Av. *Pais* —4D **20**
Findhorn Av. *Renf* —6G **9**
Findochty. *Ersk* —4E **5**
Finglas Av. *Pais* —4D **22**
Finlay Dri. *Lin* —6F **13**
Fintry Av. *Pais* —5A **22**
Fir Pl. *John* —4G **19**
First Av. *Renf* —1E **17**
Fischer Gdns. *Pais* —1D **20**
Fisher Av. *Pais* —1D **20**
Fisher Dri. *Pais* —1D **20**
Fishers Rd. *Renf* —3E **9**
Fisher Way. *Pais* —1D **20**
Fitzalan Dri. *Pais* —5C **16**
Fitzalan Rd. *Renf* —2C **16**
Fleet Av. *Renf* —2G **17**
Fleming Av. *Clyd* —1F **9**
Fleming Rd. *B'ton* —4H **3**
Fleming Rd. *Hous* —1A **12**
Fleming St. *Pais* —4A **16**
Floorsburn Cres. *John*
  —3E **19**
Floors St. *John* —3E **19**
Flures Av. *Ersk* —1A **8**
Flures Cres. *Ersk* —2A **8**
Flures Dri. *Ersk* —1A **8**
Flures Pl. *Ersk* —1A **8**
Forbes Pl. *Pais* —1A **22**
Forehouse Rd. *Kilb* —1A **18**

Forest Pl. *Pais* —3A **22**
Forth Av. *Pais* —4D **20**
Forth Pl. *John* —5C **18**
Forth St. *Clyd* —1E **9**
Forties Rd. *Hous* —3C **12**
Fountain Av. *Inch* —5F **7**
Fountain Cres. *Inch* —4F **7**
Fountain Dri. *Inch* —5G **7**
Fourth Av. *Renf* —1E **17**
Four Windings. *Hous* —1B **12**
Foxbar Cres. *Pais* —6C **20**
Foxbar Dri. *Pais* —6C **20**
Foxbar Rd. *Eld & Pais*
  —6B **20**
Fraser Av. *B'ton* —3H **3**
Fraser Av. *John* —3G **19**
Freeland Dri. *Bri W* —2F **11**
Freeland Dri. *Inch* —3G **7**
Freeland Rd. *Ersk* —2F **7**
Freelands Ct. *Old K* —3G **5**
Freelands Cres. *Old K* —2G **5**
Freelands Pl. *Old K* —3G **5**
Freelands Rd. *Old K* —3G **5**
French St. *Clyd* —4H **5**
French St. *Renf* —1D **16**
Friendship Way. *Renf* —2F **17**
Fruin Rd. *G15* —1H **9**
Fulbar Av. *Pais* —3D **20**
Fulbar Av. *Renf* —5E **9**
Fulbar Ct. *Renf* —5F **9**
Fulbar La. *Renf* —5F **9**
Fulbar Rd. *Pais* —3D **20**
Fulbar St. *Renf* —5F **9**
Fulfar Cres. *Pais* —3D **20**
Fullerton St. *Pais* —4H **15**
Fullerton Ter. *Pais* —4A **16**
Fulmar Pl. *John* —6C **18**
Fulton Cres. *Kilb* —2A **18**
Fulton Dri. *Hous* —4E **13**
Fulton Gdns. *Hous* —3E **13**
Fulwood Av. *G13* —2H **9**
Fulwood Av. *Lin* —5H **13**
Fulwood Pl. *G13* —2H **9**
Fynloch Pl. *Clyd* —1H **5**

Gadie Av. *Renf* —1G **17**
Gala Av. *Renf* —1G **17**
Gallacher Av. *Pais* —4E **21**
Gallacher Ct. *Pais* —6G **15**
Gallowhill Ct. *Pais* —3C **16**
Gallowhill Rd. *Pais* —5B **16**
Gamrie Rd. *G53* —5H **23**
Gareloch Av. *Pais* —3E **21**
Garnie Av. *Ersk* —6H **5**
Garnieland Rd. *Ersk* —6H **5**
Garnie La. *Ersk* —6H **5**
Garnie Oval. *Ersk* —6H **5**
Garnie Pl. *Ersk* —6H **5**
Garpel Way. *Loch* —5A **24**
Garry Dri. *Pais* —3E **21**
Garscadden Rd. *G15* —1H **9**
Garscadden Rd. S. *G13*
  —1H **9**
GARSCADDEN STATION. *G14*
  —3H **9**

Gartartan Rd. *Pais* —6H **17**
Garthland La. *Pais* —6B **16**
Gartmore Rd. *Pais* —1D **22**
Gask Pl. *G13* —1H **9**
Gas St. *John* —2G **19**
Gateside St. *John* —2G **19**
Gateside Pl. *Kilb* —2A **18**
Gates Rd. *Loch* —4C **24**
Gauze St. *Pais* —6B **16**
Gavinburn Pl. *Old K* —1E **5**
Gavinburn St. *Old K* —1E **5**
George Ct. *Pais* —1H **21**
George La. *Pais* —1A **22**
George Pl. *Pais* —1A **22**
George St. *How* —2C **26**
George St. *John* —2F **19**
George St. *Pais* —6B **16**
Gibson Cres. *John* —3E **19**
Gibson Rd. *Renf* —3D **16**
Gilchrist Ct. John —4E 19
  (off Tannahill Cres.)
Gilfillan Way. *Pais* —5C **20**
Gilmartin Rd. *Lin* —5E **13**
Gilmour St. *Pais* —6A **16**
Gladney Av. *G13* —1G **9**
Gladsmuir Rd. *G52* —5H **17**
Gladstone Av. *John* —6D **18**
Glamis Av. *Eld* —4H **19**
Glasgow Airport. *Abb* —1H **15**
Glasgow Rd. *Clyd* —1D **8**
Glasgow Rd. *Pais* —6B **16**
Glasgow Rd. *Renf* —6G **9**
Glebe Gdns. *Hous* —1B **12**
Glebe St. *Renf* —6F **9**
Gleddoch Rd. *G52* —5G **17**
Gledstane Rd. *B'ton* —5H **3**
Glenallan Way. *Pais* —6B **20**
Glenapp Av. *Pais* —4D **22**
Glenapp Rd. *Pais* —4D **22**
Glenarklet Dri. *Pais* —4C **22**
Glenartney. *Hous* —1A **12**
Glenashdale Way. *Pais*
  —4C **22**
Glen Brae. *Bri W* —3E **11**
Glenbrittle Dri. *Pais* —4C **22**
Glenbrittle Way. *Pais* —4C **22**
Glenburn Cres. *Pais* —5H **21**
Glenburn Rd. *Pais* —5F **21**
Glencairn Ct. Pais —3D 16
  (off Montgomery Rd.)
Glencairn Rd. *Pais* —4C **16**
Glencally Av. *Pais* —4D **22**
Glencart Gro. *Mill P* —4C **18**
Glenclora Dri. *Pais* —4C **22**
Glencoats Cres. *Pais* —6F **15**
Glencoats Dri. *Pais* —6E **15**
Glencorse Rd. *Pais* —3G **21**
Glen Cres. *G13* —2G **9**
Glendee Gdns. *Renf* —1F **17**
Glendee Rd. *Renf* —1F **17**
Glendentan Rd. *Bri W*
  —4E **11**
Glendower Way. *Pais* —5C **20**
Glenfield Av. *Pais* —6H **21**
Glenfield Cres. *Pais* —6H **21**
Glenfield Rd. *Pais* —6G **21**
Glenfruin Cres. *Pais* —4D **22**

Glen Gdns. *Eld* —2A **20**
Glengowan Rd. *Bri W*—3E **11**
Glenhead Rd. *Loch* —6G **25**
Glenholme Av. *Pais* —4F **21**
Gleniffer Av. *G13* —3H **9**
Gleniffer Ct. *Pais* —6F **21**
Gleniffer Cres. *Eld* —4A **20**
Gleniffer Rd. *Pais* —6D **21**
Gleniffer Rd. *Renf* —3D **16**
Glen La. *Pais* —6A **16**
Glenlora Dri. *G53* —6H **23**
Glenmalloch Pl. *Eld* —2A **20**
Glenmoss Av. *Ersk* —6D **4**
Glenpark Rd. *Loch* —4B **24**
Glenpatrick Rd. *Eld* —5A **20**
Glen Rd. *B'ton* —3G **3**
Glen Rd. *Old K* —1F **5**
Glen Sax Dri. *Renf* —2G **17**
Glenshiel Av. *Pais* —4C **22**
Glenshira Av. *Pais* —4C **22**
Glen St. *Pais* —6H **15**
Glentyan Av. *Kilb* —1A **18**
Glentyan Dri. *G53* —6H **23**
Gockston Rd. *Pais* —4H **15**
Golf Course Rd. *Bri W*
—3D **10**
Golf Dri. *G15* —1H **9**
Golf Dri. *Pais* —1E **23**
Gonval Way. *Pais* —3H **15**
Gordon Av. *G52* —4G **17**
Gordon Av. *B'ton* —3G **3**
Gordon St. *Pais* —1A **22**
Gorse Cres. *Bri W* —4G **11**
Goudie St. *Pais* —4H **15**
Gowanbank Gdns. *John*
—3E **19**
Grahams Av. *Loch* —4C **24**
Grahamston Ct. *Pais* —5E **23**
Grahamston Cres. *Pais*
—5E **23**
Grahamston Pl. *Pais* —5E **23**
Grahamston Rd. *Pais* —6E **23**
Graham St. *John* —3E **19**
Grampian Av. *Pais* —5H **21**
Gran St. *Clyd* —1G **9**
Gt. Hamilton St. *Pais* —3A **22**
Gt. Western Rd. *G15, G13,*
G12 & G4 —1H **9**
Gt. Western Rd. *Old K & Clyd*
—1F **5**
Greenbank Dri. *Pais* —6H **21**
Greenend Av. *John* —5D **18**
Green Farm Rd. *Lin* —5H **13**
Greenhead Rd. *Inch* —2G **7**
Greenhill Cres. *Eld* —3B **20**
Greenhill Cres. *Lin* —5H **13**
Greenhill Dri. *Lin* —5A **14**
Greenhill Rd. *Pais* —5G **15**
Greenlaw Av. *Pais* —6C **16**
Greenlaw Cres. *Pais* —5C **16**
Greenlaw Dri. *Pais* —6C **16**
Greenlaw Ind. Est. *Pais*
—5B **16**
Greenlaw Rd. *G14* —3F **9**
Greenock Rd. *B'ton & Inch*
—1A **2**

Greenock Rd. *Pais* —4H **15**
Green Rd. *Pais* —2D **20**
Greenways Av. *Pais* —3E **21**
Greenways Ct. *Pais* —3E **21**
Grove, The. *B'ton* —4G **3**
Grove, The. *Bri W* —5G **11**
Grove, The. *Kilb* —1A **18**
Gryfebank Av. *Hous* —2E **13**
Gryfebank Clo. *Hous* —2E **13**
Gryfewood Cres. *Hous*
—2E **13**
Gryfewood Way. *Hous*
—2E **13**
Gryffe Av. *Bri W* —2E **11**
Gryffe Av. *Renf* —4D **8**
Gryffe Cres. *Pais* —4D **20**
Gryffe Gro. *Bri W* —3F **11**
Gryffe Pk. *Bri W* —2E **11**
Gryffe Rd. *Bri W* —4F **11**

Hagart Rd. *Hous* —1B **12**
Hagg Cres. *John* —2E **19**
Hagg Pl. *John* —2E **19**
Hagg Rd. *John* —3E **19**
Haining Rd. *Renf* —6F **9**
Haining, The. *Renf* —1F **17**
Hairst St. *Renf* —5F **9**
Halifax Way. *Renf* —2E **17**
(off Tiree Av.)
Halley Dri. *G13* —2G **9**
Halley Pl. *G13* —3G **9**
Halley Sq. *G13* —2H **9**
Halley St. *G13* —2G **9**
Hallhill Rd. *John* —6C **18**
Hallidale Cres. *Renf* —1H **17**
Hallside St. *How* —2C **26**
Hall St. *Clyd* —1C **8**
Halston St. *Pais* —1C **22**
Hamilton Ct. *Pais* —3A **22**
Hamilton Cres. *B'ton* —4F **3**
Hamilton Cres. *Renf* —4F **9**
Hamilton Dri. *Ersk* —4D **4**
Hamilton St. *Clyd* —2F **9**
Hamilton St. *Pais* —6B **16**
Hamilton Ter. *Clyd* —2F **9**
Hampden Way. *Renf* —2F **17**
Hanover Ct. *Pais* —6C **16**
Hanover Gdns. *Pais* —1G **21**
Harbour La. *Pais* —6A **16**
Harbour Rd. *Pais* —4A **16**
Harburn Pl. *G14* —3H **9**
Harelaw Cres. *Pais* —6G **21**
Harris Cres. *Old K* —2F **5**
Harris Dri. *Old K* —2F **5**
Harris Gdns. *Old K* —2G **5**
Harris Rd. *Old K* —2F **5**
Hartfield Ter. *Pais* —3B **22**
Hartree Av. *G13* —1G **9**
Hart St. *Lin* —6H **13**
Harvey Ct. *Loch* —5B **24**
Harvey Sq. *Loch* —5B **24**
Harvey Ter. *Loch* —5B **24**
Hatchard Gdns. *Lin* —5H **13**
Hatton Gdns. *G52* —1H **23**
Hawick Av. *Pais* —4F **21**

Hawick St. *G13* —3G **9**
Hawkhead Av. *Pais* —3D **22**
Hawkhead Rd. *Pais* —1D **22**
HAWKHEAD STATION. *Pais*
—1D **22**
Hawthorn Av. *Ersk* —1A **8**
Hawthorn Av. *John* —4G **19**
Hawthorn Cres. *Ersk* —1A **8**
Hawthorn Rd. *Ersk* —1A **8**
Hawthorn Way. *Ersk* —1A **8**
Hay Av. *B'ton* —4A **4**
Hay Dri. *John* —2H **19**
Hazel Av. *John* —4G **19**
Hazelwood Av. *Bri W* —4G **11**
Hazelwood Av. *Pais* —6C **20**
Hazelwood La. *Bri W* —4F **11**
Hazelwood Rd. *Bri W* —4F **11**
Heather Pl. *John* —3G **19**
Henderson St. *Clyd* —1G **9**
Henderson St. *Pais* —6H **15**
Herald Way. *Renf* —2E **17**
Hercules Way. *Renf* —2F **17**
Heriot Av. *Pais* —5C **20**
Heriot Ct. *Pais* —5D **20**
Heron Pl. *John* —6D **18**
Heron Way. *Renf* —2E **17**
Hewett Cres. *C'lee* —2C **12**
High Barholm. *Kilb* —2A **18**
High Calside. *Pais* —2H **21**
Highcraig Av. *John* —4D **18**
Highfield Av. *Pais* —6H **21**
Highfield Cres. *Pais* —6H **21**
High Kirk View. *John* —3F **19**
High Parksail. *Ersk* —1G **7**
High Rd. *Cast* —2G **21**
High St. Johnstone, *John*
—2E **19**
High St. Lochwinnoch, *Loch*
—5B **24**
High St. Paisley, *Pais*
—1H **21**
High St. Renfrew, *Renf*
—5F **9**
Hillfoot. *Hous* —3D **12**
Hillfoot Dri. *How* —2C **26**
Hillington Ind. Est. G52
(off Lothian St.) —3H **17**
Hillington Quad. *G52* —6H **17**
Hillington Rd. *H'ton I*
—4H **17**
Hillington Ter. *G52* —6H **17**
HILLINGTON WEST STATION.
G52 —4H **17**
Hillpark Av. *Pais* —4H **21**
Hill Rd. *How* —2C **26**
Hillside. *Hous* —3E **13**
Hillside Rd. *Pais* —3C **22**
Hillside Ter. *Old K* —1F **5**
Hillview Rd. *Bri W* —4G **11**
Hillview Rd. *Eld* —3H **19**
Hillview Ter. *Old K* —2F **5**
Hobart Cres. *Clyd* —2H **5**
Hogg Av. *John* —4E **19**
Holehouse Dri. *G13* —3H **9**
Hollows Av. *Pais* —6D **20**
Hollows Cres. *Pais* —6D **20**

Hollybush Av. *Pais* —6F **21**
Hollybush Rd. *G52* —6H **17**
Holly Pl. *John* —5G **19**
Holm Av. *Pais* —3B **22**
Holmes Av. *Renf* —2E **17**
Holmpark. *B'ton* —4G **3**
Holm Pl. *Lin* —4H **13**
Holms Cres. *Ersk* —5D **4**
Honeybog Rd. *G52* —5G **17**
Hope Av. *Bri W* —1A **10**
Hopeman. *Ersk* —4E **5**
Horsewood Rd. *Bri W*
—4E **11**
Houston Ct. John —2F **19**
(off Houston Sq.)
Houstonfield Quad. *Hous*
—1A **12**
Houstonfield Rd. *Hous*
—1A **12**
Houston Pl. *Eld* —3A **20**
Houston Rd. *B'ton* —5B **2**
Houston Rd. *Bri W* —3F **11**
Houston Rd. *Hous* —1B **12**
Houston Rd. *Inch* —5D **6**
Houston St. *Renf* —5F **9**
Houstoun Sq. *John* —2F **19**
Howard St. *Pais* —6C **16**
Howcraigs Ct. Clyd —2F **9**
(off Clydeholm Ter.)
Howden Dri. *Lin* —6G **13**
Hume St. *Clyd* —1D **8**
Hunterhill Av. *Pais* —2B **22**
Hunterhill Rd. *Pais* —2B **22**
Hunter Pl. *Kilb* —3A **18**
Huntersfield Rd. *John*
—4C **18**
Hunter St. *Pais* —6A **16**
Huntly Rd. *H'ton I* —3H **17**
Huntly Ter. *Pais* —4C **22**
Hurlet Rd. *Pais & G53*
—4E **23**
Hurlford Av. *G13* —2H **9**
Hutton Av. *C'lee* —3C **12**

Ian Smith Ct. *Clyd* —1F **9**
Inchinnan Ind. Est. *Inch*
—5F **7**
Inchinnan Rd. *Pais* —4A **16**
Inchinnan Rd. *Renf* —5D **8**
Incle St. *Pais* —6B **16**
India Dri. *Inch* —3G **7**
Ingliston Dri. *B'ton* —4F **3**
Inkerman Rd. *G52* —6H **17**
Inverbervie. *Ersk* —5E **5**
Inverglas Av. *Renf* —2H **17**
Inverkar Dri. *Pais* —3E **21**
Iona Cres. *Old K* —2G **5**
Iona Dri. *Pais* —6H **21**
Iona Gdns. *Old K* —2G **5**
Iona Pl. *Old K* —2G **5**
Iona Rd. *Renf* —2E **17**
Irvine Dri. *Lin* —4F **13**
Islay Cres. *Old K* —2G **5**
Islay Cres. *Pais* —6H **21**

Islay Dri. *Old K* —2G **5**
Ivanhoe Rd. *Pais* —4D **20**
Ivanhoe Way. *Pais* —5D **20**

Janefield Av. *John* —3E **19**
Jarvie Way. *Pais* —5C **20**
Jedburgh Dri. *Pais* —4E **21**
Jellicoe St. *Clyd* —4H **5**
Jennys Well Ct. *Pais* —3E **23**
Jennys Well Rd. *Pais* —3D **22**
Jessiman Sq. *Renf* —2D **16**
John Gregor Pl. *Loch* —5B **24**
John Knox St. *Clyd* —1E **9**
John Lang St. *John* —2G **19**
Johnshaven. *Ersk* —5E **5**
Johnshill. *Loch* —4C **24**
Johnston Av. *Clyd* —1F **9**
Johnstone By-Pass.
   How & John —2B **26**
Johnstone By-Pass. *John*
   —3D **18**
Johnstone Dri. *Loch* —5B **24**
JOHNSTONE STATION. *John*
   —3G **19**
Johnston St. *Pais* —1A **22**
Jubilee Ter. *John* —3D **18**
Juniper Pl. *John* —5G **19**
Jura Av. *Renf* —2F **17**
Jura Dri. *Old K* —2G **5**
Jura Gdns. *Old K* —2G **5**
Jura Pl. *Old K* —2G **5**
Jura Rd. *Old K* —2G **5**
Jura Rd. *Pais* —6H **21**

Katrine Dri. *Pais* —3D **20**
Keal Dri. *G15* —1H **9**
Kelburne Dri. *Pais* —6D **16**
Kelburne Gdns. *Pais* —6C **16**
Kelburne Oval. *Pais* —6C **16**
Kelhead Av. *G52* —6H **17**
Kelhead Dri. *G52* —6H **17**
Kelhead Path. *G52* —6H **17**
Kelhead Pl. *G52* —6H **17**
Kelso Av. *Bri W* —4F **11**
Kelso Av. *Pais* —4E **21**
Kelso Pl. *G14* —3G **9**
Kelso St. *G14 & G13* —3G **9**
Kelvin Av. *H'ton I* —2H **17**
Kemp Av. *Pais* —2C **16**
Kempsthorn Rd. *G53* —4H **23**
Kenbank Cres. *Bri W* —3F **11**
Kenbank Rd. *Bri W* —3F **11**
Kenilworth Av. *Pais* —5D **20**
Kenilworth Way. *Pais* —4D **20**
Kenmuir View. *How* —2B **26**
Kerr St. *Pais* —6H **15**
Kestrel Pl. *John* —6D **18**
Kibbleston Rd. *Kilb* —2A **18**
Kilallan Av. *Bri W* —2F **11**
Kilbarchan Rd. *Bri W* —4G **11**
Kilbarchan Rd. *John* —4D **18**
Kilbarchan Rd. *Mill P* —3C **18**
Kilbrennan Rd. *Lin* —5H **13**
Kildale Rd. *Loch* —5A **24**

Kilearn Rd. *Pais* —4D **16**
Kilearn Sq. *Pais* —4D **16**
Kilearn Way. *Pais* —4D **16**
   (in two parts)
Kilgraston Rd. *Bri W* —5E **11**
Killean Dri. *Pais* —1H **23**
Killin Dri. *Lin* —6F **13**
Killoch Av. *Pais* —6E **15**
Killoch Dri. *G13* —2H **9**
Killoch Rd. *Pais* —6E **15**
Kilmacolm Rd. *Bri W* —1C **10**
Kilmacolm Rd. *Hous* —1B **12**
Kilncroft La. *Pais* —4A **22**
Kilnside Rd. *Pais* —6B **16**
Kilpatrick Av. *Pais* —3F **21**
Kilpatrick Ct. *Old K* —1E **5**
Kilpatrick Cres. *Pais* —4H **21**
Kilpatrick Dri. *Renf* —3D **16**
KILPATRICK STATION. *Old K*
   —1F **5**
Kilwynet Way. *Pais* —4C **16**
Kimberley St. *Clyd* —2H **5**
Kinarvie Cres. *G53* —6H **23**
Kinarvie Gdns. *G53* —6H **23**
Kinarvie Pl. *G53* —6H **23**
Kinarvie Rd. *G53* —6H **23**
Kinarvie Ter. *G53* —6H **23**
Kinellar Dri. *G14* —3H **9**
Kingfisher Dri. *G13* —2H **9**
Kingsburgh Dri. *Pais* —6D **16**
Kings Cres. *Eld* —2A **20**
King's Inch Rd. *Renf* —4F **9**
Kingslea Rd. *Hous* —1B **12**
King's Rd. *Eld* —3H **19**
Kingston Gro. *B'ton* —4H **3**
Kingston Pl. *Clyd* —3H **5**
Kingston Rd. *B'ton* —5H **3**
   (in two parts)
King St. *Clyd* —1F **9**
King St. *Pais* —6G **15**
Kingswood Rd. *B'ton* —3F **3**
Kinloch Av. *Lin* —6G **13**
Kinloch Rd. *Renf* —3D **16**
Kinnaird Dri. *Lin* —5H **13**
Kinpurnie Rd. *Pais* —6F **17**
Kinsail Dri. *G52* —5H **17**
Kinstone Av. *G14* —4H **9**
Kintyre Av. *Lin* —1G **19**
Kirkaig Av. *Renf* —1H **17**
Kirkconnel Av. *G13* —3H **9**
Kirkland Gro. *John* —2F **19**
Kirklandneuk Cres. *Renf*
   —5C **8**
Kirklandneuk Rd. *Renf* —5C **8**
Kirklea Av. *Pais* —6E **15**
Kirk Rd. *Hous* —1B **12**
Kirkton. *Ersk* —4E **5**
Kirkton Av. *G13* —3H **9**
Kirkton Cres. *G13* —3H **9**
Kirkwood Av. *Clyd* —1G **9**
Kirtle Dri. *Renf* —1G **17**
Knockhill Rd. *Renf* —2D **16**
Knockside Av. *Pais* —6H **21**
Knock Way. *Pais* —4C **16**
Knowe Rd. *Pais* —4D **16**
Knox Av. *Bri W* —4E **11**

Knox St. *Pais* —1F **21**

Laburnum Pl. *John* —5G **19**
Lachlan Cres. *Ersk* —6C **4**
Lacy St. *Pais* —6C **16**
Ladeside Dri. *John* —3D **18**
Ladhope Pl. *G13* —1G **9**
Ladyacres. *Inch* —3H **7**
Ladyacres Way. *Inch* —3H **7**
Lady Anne St. *G14* —3H **9**
Ladyburn St. *Pais* —1C **22**
Ladykirk Cres. *Pais* —2B **22**
Lady La. *Pais* —1H **21**
Ladymuir Circ. *Ersk* —6D **4**
Ladysmith Av. *Mill P* —3B **18**
Laggan Ter. *Renf* —5D **8**
Lagholm Dri. *Lin* —6A **14**
Laighcartside St. *John*
   —2G **19**
Laighpark Av. *B'ton* —4H **3**
Lammermuir Ct. *Pais* —5A **22**
Lammermuir Dri. *Pais*
   —5H **21**
Lamont Av. *B'ton* —4A **4**
Lancaster Way. *Renf* —2E **17**
Lanfine Rd. *Pais* —1D **22**
Lang Av. *B'ton* —4A **4**
Lang Av. *Renf* —1E **17**
Langcraigs Ct. *Pais* —5G **21**
Langcraigs Dri. *Pais* —6H **21**
Langcraigs Ter. *Pais* —6G **21**
Langside Dri. *Kilb* —3A **18**
Langside Pk. *Kilb* —3A **18**
Langstile Pl. *G52* —6H **17**
Langstile Rd. *G52* —6H **17**
Lang St. *Pais* —1C **22**
Lansbury Gdns. *Pais* —4H **15**
Lappin St. *Clyd* —1F **9**
Larch Pl. *John* —5G **19**
Larkin Gdns. *Pais* —4H **15**
Lasswade St. *G14* —3G **9**
Lauder Dri. *Lin* —6H **13**
Laurel Av. *Clyd* —3H **5**
Lawers Rd. *Renf* —2E **17**
Lawmarnock Cres. *Bri W*
   —4E **11**
Lawmarnock Rd. *Bri W*
   —5E **11**
Lawn St. *Pais* —6B **16**
Laxford Rd. *Ersk* —6C **4**
Leabank Av. *Pais* —5A **22**
Leander Cres. *Renf* —1G **17**
Leathem Pl. *Ersk* —6C **4**
Leeburn Av. *C'lee* —2C **12**
Leitchland Rd. *Eld & Pais*
   —5B **20**
Leman Dri. *Hous* —3D **12**
Leman Gro. *Hous* —3D **12**
Lennox Av. *B'ton* —4H **3**
Lennox Pl. *Clyd* —4H **5**
Lennox Ter. *Pais* —3C **16**
Leslie Av. *B'ton* —4H **3**
Lesmuir Dri. *G14* —4H **9**
Lesmuir Pl. *G14* —4H **9**
Leven Pl. *Ersk* —6C **4**

Leven Sq. *Renf* —5D **8**
Leven Way. *Pais* —4C **20**
Leverndale Ind. Cen. *G53*
   —5H **23**
Lewis Av. *Renf* —2F **17**
Lewis Cres. *Mill P* —3C **18**
Lewis Cres. *Old K* —2G **5**
Lewis Dri. *Old K* —2F **5**
Lewis Gdns. *Old K* —2G **5**
Lewis Gro. *Old K* —2G **5**
Lewis Pl. *Old K* —2G **5**
Lexwell Av. *Eld* —2B **20**
Lexwell Rd. *Pais* —3D **20**
Libo Pl. *Ersk* —5C **4**
Lilac Av. *Clyd* —2H **5**
Limecraigs Av. *Pais* —6G **21**
Limecraigs Cres. *Pais*
   —6G **21**
Limecraigs Rd. *Pais* —6F **21**
Limeview Av. *Pais* —6F **21**
Limeview Cres. *Pais* —6F **21**
Limeview Rd. *Pais* —6F **21**
Limeview Way. *Pais* —6F **21**
Linburn Pl. *G52* —5H **17**
Linburn Rd. *G52* —4G **17**
Linburn Rd. *Ersk* —6C **4**
Linclive Interchange. *Lin*
   —6B **14**
Linclive Spur. *Lin* —6B **14**
Linclive Ter. *Lin* —6B **14**
Lindsay Pl. *John* —2G **19**
(off John Lang St.)
Linister Cres. *How* —2B **26**
Linn Cres. *Pais* —6G **21**
Linnet Av. *John* —6C **18**
Linnet Pl. *G13* —2H **9**
Linnhe Pl. *Ersk* —6C **4**
Linn Pk. Gdns. *John* —3G **19**
Linside Av. *Pais* —1C **22**
Linthaugh Rd. *G53* —3H **23**
Lintwhite Cres. *Bri W*
   —3G **11**
Linwell Cres. *Pais* —6H **21**
Linwood Ind. Est. *Lin I*
   —1H **19**
Linwood Rd. *Lin* —6B **14**
Lismore Av. *Renf* —2F **17**
Lismore Dri. *Lin* —6F **13**
Lismore Dri. *Pais* —6H **21**
Lismore Gdns. *Mill P* —3C **18**
Lister Pl. *H'ton I* —4H **17**
Lister Rd. *G52* —4H **17**
   (in two parts)
Lithgow Cres. *Pais* —3C **22**
Littleholm Pl. *Clyd* —3H **5**
Littledale Av. *Pais* —6B **20**
Littleston Gdns. *Ersk* —6D **4**
Livingstone Av. *G52* —3H **17**
Loanfoot Av. *G13* —2H **9**
Loanhead Av. *Lin* —5G **13**
Loanhead Av. *Renf* —6F **9**
Loanhead La. *Lin* —5G **13**
Loanhead Rd. *Lin* —5G **13**
Lobnitz Av. *Renf* —6F **9**
Lochaline Av. *Pais* —3E **21**
Lochalsh Dri. *Pais* —3E **21**

Lochard Dri. *Pais* —4E **21**
Lochbroom Dri. *Pais* —3E **21**
Lochearn Cres. *Pais* —3E **21**
Locher Av. *Hous* —2E **13**
Locherburn Av. *Hous* —4D **12**
Locherburn Gro. *Hous*
—3D **12**
Locherburn Pl. *Hous* —3D **12**
Locher Cres. *Hous* —3E **13**
Locher Gdns. *Hous* —3E **13**
Locher Rd. *Kilb & Bri W*
—6H **11**
Locher Way. *Hous* —2E **13**
Lochfield Cres. *Pais* —4B **22**
Lochfield Dri. *Pais* —4C **22**
Lochfield Rd. *Pais* —4A **22**
Lochhead Av. *Lin* —6H **13**
Lochinver Cres. *Pais* —3E **21**
Lochlibo Av. *G13* —3H **9**
Lochlip Rd. *Loch* —6B **24**
Lochmaben Rd. *G52* —1H **23**
Lochore Av. *Pais* —4B **16**
Loch Pl. *Bri W* —3F **11**
Loch Rd. *Bri W* —3F **11**
LOCHWINNOCH STATION.
Loch —6D **24**
Lochy Av. *Renf* —2H **17**
Lochy Pl. *Ersk* —6C **4**
Locksley Rd. *Pais* —4D **20**
Locksley Way. *Pais* —4D **20**
Logan Dri. *Pais* —5G **15**
Lomond Av. *Renf* —2D **16**
Lomond Cres. *Bri W* —3E **11**
Lomond Cres. *Pais* —5H **21**
Lomond Gdns. *Eld* —3A **20**
Lomond Pl. *Ersk* —6C **4**
(in two parts)
Lomondview Ind. Est. *John*
—1F **19**
London St. *Renf* —4F **9**
Lonend. *Pais* —1B **22**
Longcroft Dri. *Renf* —5E **9**
Longden St. *Clyd* —1F **9**
Longmeadow. *John* —4D **18**
Loom Wlk. *Kilb* —2A **18**
(in two parts)
Lorne Dri. *Lin* —6G **13**
Lorne Rd. *H'ton I* —3H **17**
Lossie Cres. *Renf* —1H **17**
Lothian Cres. *Pais* —4H **21**
Lothian St. *G52* —3G **17**
(in five parts)
Loudon Gdns. *John* —2G **19**
Lounsdale Cres. *Pais* —3E **21**
Lounsdale Dri. *Pais* —3F **21**
Lounsdale Ho. *Pais* —4E **21**
Lounsdale Rd. *Pais* —3F **21**
Love Av. *Bri W* —1A **10**
Love St. *Pais* —5A **16**
Low Barholm. *Kilb* —3B **18**
Low Cres. *Clyd* —1G **9**
Lwr. Admiralty Rd. *Old K*
—2F **5**
Low Parksail. *Ersk* —2G **7**
Low Rd. *Cast* —2G **21**
Loyal Av. *Ersk* —6D **4**

Loyal Pl. *Ersk* —6D **4**
Loyne Dri. *Renf* —1H **17**
Lubnaig Dri. *Ersk* —6D **4**
Luckingsford Av. *Inch* —2H **7**
Luckingsford Dri. *Inch* —2G **7**
Luckingsford Rd. *Inch* —2G **7**
Ludovic Sq. *John* —2F **19**
Lusset Glen. *Old K* —1F **5**
Lussett Rd. *Old K* —1F **5**
Lyle Cres. *B'ton* —3F **3**
Lyle Pl. *Pais* —3B **22**
Lyle's Land. *Hous* —1B **12**
Lylesland Ct. *Pais* —3A **22**
Lyon Rd. *Ersk* —6C **4**
Lyon Rd. *Pais* —4D **20**
Lysander Way. *Renf* —2F **17**

MｃClue Av. *Renf* —6D **8**
McClue Rd. *Renf* —5E **9**
McConnel Rd. *Loch* —5A **24**
McCracken Av. *Renf* —1D **16**
McCreery St. *Clyd* —1F **9**
McDonald Av. *John* —4E **19**
McDonald Cres. *Clyd* —1F **9**
Macdowall St. *John* —2F **19**
Macdowall St. *Pais* —5H **15**
Macduff. *Ersk* —5E **5**
McFarlane St. *Pais* —4G **15**
McGown St. *Pais* —5H **15**
McGregor Av. *Renf* —1D **16**
McGregor St. *Clyd* —1F **9**
McIntyre Pl. *Pais* —3A **22**
McKay Cres. *John* —3G **19**
MacKean St. *Pais* —5G **15**
Mackenzie Dri. *Mill P* —4B **18**
McKenzie St. *Pais* —6G **15**
McKerrell St. *Pais* —6C **16**
Mackie's Mill Rd. *Eld* —5B **20**
McLaurin Cres. *John* —4D **18**
Maclay Av. *Kilb* —3A **18**
McLean Av. *Renf* —2E **17**
McLean Pl. *Pais* —4H **15**
Mclean St. Clyd —1G *9*
(off Wood Quad.)
Macrae St. John —4E *19*
(off Tannahill Cres.)
Magdalen Way. *Pais* —6B **20**
Magnus Rd. *Hous* —3C **12**
Main Rd. *Cast* —1H **21**
Main Rd. *Eld & Milla* —3H **19**
Mainscroft. *Ersk* —6G **5**
Mains Dri. *Ersk* —6G **5**
Mains Hill. *Ersk* —6F **5**
Mainshill Av. *Ersk* —6F **5**
Mainshill Gdns. *Ersk* —6F **5**
Mains River. *Ersk* —6G **5**
Main St. *Bri W* —3F **11**
Main St. *Hous* —1A **12**
Main St. *How* —2C **26**
Main St. *Loch* —5B **24**
Mains Wood. *Ersk* —6H **5**
Maitland Pl. *Renf* —1D **16**
Malloch Cres. *Eld* —3H **19**
Malvern Way. *Pais* —3H **15**
Mannering Rd. *Pais* —6C **20**

Mannering Way. *Pais* —5C **20**
Manor Rd. *Drum* —1H **9**
Manor Rd. *Pais* —4D **20**
Manse Cres. *Hous* —1B **12**
Mansefield Cres. *Old K*
—1E **5**
Manse St. *Renf* —5F **9**
Mansfield Rd. *G52* —4H **17**
Mansfield Rd. *Loch* —4B **24**
Mansionhouse Rd. *Pais*
—6C **16**
Maple Dri. *John* —5F **19**
Mar Av. *B'ton* —4H **3**
Marchbank Gdns. *Pais*
—1F **23**
Marchfield Av. *Pais* —3H **15**
Maree Rd. *Pais* —3E **21**
Marjory Dri. *Pais* —4C **16**
Marjory Rd. *Renf* —2C **16**
Marmion Ct. *Pais* —5D **20**
Marmion Rd. *Pais* —5C **20**
Marnock Ter. *Pais* —2C **22**
Marshall's La. *Pais* —1A **22**
Martlet Dri. *John* —6C **18**
Mary St. *John* —2G **19**
Mary St. *Pais* —3A **22**
Mathieson St. *Pais* —6D **16**
Mavisbank Ter. *John* —3F **19**
Mavisbank Ter. *Pais* —2B **22**
Maxwell Dri. *Ersk* —4D **4**
Maxwell Av. *B'ton* —4H **3**
Maxwell St. *Pais* —6A **16**
Maxwellton Ct. *Pais* —1G **21**
Maxwellton Rd. *Pais* —1F **21**
Maxwellton St. *Pais* —1G **21**
Mayfield Ct. *How* —1C **26**
Mayfield Cres. *How* —1C **26**
Mayfield Dri. *How* —1C **26**
May Rd. *Pais* —6A **22**
Meadow La. *Renf* —4F **9**
Meadowside Av. *Eld* —3B **20**
Meadowside Ind. Est. *Renf*
—3F **9**
Meadowside St. *Renf* —4F **9**
Meadows, The. *Hous* —2D **12**
Meadside Av. *Kilb* —1A **18**
Meadside Rd. *Kilb* —1A **18**
Meetinghouse La. *Pais*
—6A **16**
Meikle Av. *Renf* —1E **17**
Meiklerigg Dri. *Pais* —4E **21**
Melbourne Av. *Clyd* —2H **5**
Meldrum St. *Clyd* —1F **9**
Melford Gdns. *Mill P* —4C **18**
Melford Way. *Pais* —3D **16**
Mellerstain Rd. *G14* —3G **9**
Melrose Av. *Lin* —6H **13**
Melrose Av. *Pais* —4E **21**
Merchants Clo. *Kilb* —2A **18**
Merchiston Av. *Lin* —6F **13**
Merchiston Dri. *Brkfld*
—6D **12**
Merksworth Way. Pais
—4H *15*
(off Mosslands Rd.)
Merlinford Av. *Renf* —6G **9**

Merlinford Cres. *Renf* —6G **9**
Merlinford Dri. *Renf* —6G **9**
Merlinford Way. *Renf* —6G **9**
Merlin Way. *Pais* —4D **16**
Methuen Rd. *Pais* —2B **16**
Mews La. *Pais* —4B **16**
Middle Pk. *Pais* —3H **21**
Middleton Cres. *Pais* —5F **15**
Middleton Rd. *Lin* —5A **14**
Middleton *Pais* —5F **15**
Midton Rd. *How* —2C **26**
Millarston Av. *Pais* —1E **21**
Millarston Ct. *Pais* —1F **21**
Millarston Dri. *Pais* —1E **21**
Millarston Ind. Est. *Pais*
—2E **21**
Millar St. *Pais* —6B **16**
Mill Brae. *Bri W* —3F **11**
Millbrae Cres. *Clyd* —2F **9**
Millbrix Av. *G14* —4H **9**
Millburn Av. *Clyd* —1G **9**
Millburn Av. *Renf* —6F **9**
Millburn Dri. *Renf* —6G **9**
Millburn Rd. *Renf* —6F **9**
Millburn Way. *Renf* —6G **9**
Miller St. *John* —2H **19**
Millfield Av. *Ersk* —6D **4**
Millfield Cres. *Ersk* —6E **5**
Millfield Dri. *Ersk* —6E **5**
Millfield Gdns. *Ersk* —6D **4**
(East Craigend)
Millfield Gdns. *Ersk* —6E **5**
(West Craigend)
Millfield Hill. *Ersk* —6D **4**
Millfield La. *Ersk* —6D **4**
Millfield Pl. *Ersk* —6D **4**
Millfield View. *Ersk* —6D **4**
Millfield Wlk. *Ersk* —1E **7**
Millfield Wynd. *Ersk* —6D **4**
Millford Dri. *Lin* —6H **13**
Milliken Dri. *Mill P* —3C **18**
Milliken Pk. Rd. *Mill P*
—4C **18**
MILLIKENPARK STATION.
John —5C **18**
Milliken Rd. *Mill P* —3C **18**
Mill of Gryffe Rd. *Bri W*
—3F **11**
Mill Pl. *Lin* —5G **13**
Mill Rd. *Clyd* —2F **9**
Millstream Ct. *Pais* —1B **22**
Mill St. *Pais* —1B **22**
Mimosa Rd. *Bri W* —3F **11**
Minmoir Rd. *G53* —6H **23**
Mitchell Av. *Renf* —1D **16**
Mogarth Av. *Pais* —5D **20**
Moidart Av. *Renf* —5D **8**
Moncrieff St. *Pais* —6A **16**
Montclair Pl. *Lin* —5H **13**
Montgomery Av. *Pais*
—4D **16**
Montgomery Dri. *Kilb*
—1A **18**
Montgomery Rd. *Pais*
—3C **16**
Montrose Av. *G52* —3G **17**

Montrose Ct. *Pais* —5D **20**
Montrose Pl. *Lin* —5G **13**
Montrose Rd. *Pais* —5D **20**
Montrose Ter. *Bri W* —4F **11**
Montrose Way. *Pais* —5D **20**
Moorburn Pl. *Lin* —5E **13**
Moorfoot Av. *Pais* —4H **21**
Moorfoot Path. *Pais* —5H **21**
Moorhouse Av. *G13* —3H **9**
Moorhouse Av. *Pais* —3F **21**
Moorings, The. *Pais* —2F **21**
Moorpark Av. *G52* —5H **17**
Moorpark Sq. *Renf* —1D **16**
Morar Cres. *B'ton* —5A **4**
Morar Dri. *Lin* —6G **13**
Morar Dri. *Pais* —3D **20**
Morar Pl. *Renf* —5D **8**
Moray Pl. *Lin* —5G **13**
Moredun Dri. *Pais* —4F **21**
Moredun Rd. *Pais* —4F **21**
Morriston Cres. *Renf* —2H **17**
Morven Av. *Pais* —5H **21**
Morven Dri. *Lin* —6G **13**
Morven Gait. *Ersk* —1A **8**
Moss Av. *Lin* —5H **13**
Moss Dri. *Ersk* —2F **7**
Mossedge Ind. Est. *Lin*
—5A **14**
Mossland Rd. *G52* —3F **17**
Mossland Rd. *Renf* —2H **17**
Mosslands Rd. *Pais* —3H **15**
Mossneuk Dri. *Pais* —5G **21**
Moss Rd. *Bri W* —3G **11**
Moss Rd. *Hous & Lin* —6A **6**
Moss St. *Pais* —6A **16**
Mossvale La. *Pais* —5H **15**
Mossvale Sq. *Pais* —5H **15**
Mossvale St. *Pais* —4H **15**
Mote Hill Rd. *Pais* —5C **16**
Mountblow Rd. *Clyd* —1H **5**
Mt. Pleasant Pl. Old K —1F **5**
(off Mt. Pleasant Rd.)
Mt. Pleasant Rd. *Old K*
—1F **5**
Muirdykes Av. *G52* —6H **17**
Muirdykes Cres. *Pais* —5F **15**
Muirdykes Rd. *G52* —6H **17**
Muirdykes Rd. *Pais* —4F **15**
Muirhead Dri. *Lin* —6G **13**
Muirhead St. *Loch* —5C **24**
Muirhill Cres. *G13* —2H **9**
Muirpark Av. *Renf* —1E **17**
Muirpark Dri. *G52* —5H **17**
Muirside Rd. *Pais* —4F **15**
Muir St. *Renf* —5F **9**
Muir Ter. *Pais* —4C **16**
Mulben Cres. *G53* —6H **23**
Mulben Pl. *G53* —6H **23**
Mulben Ter. *G53* —5H **23**
Mull Av. *Pais* —6A **22**
Mull Av. *Renf* —2E **17**
Murchison Rd. *C'lee* —2C **12**
Murdoch Ct. John —4E **19**
(off Tannahill Cres.)
Murray St. *Pais* —5G **15**
Murray St. *Renf* —6E **9**

Napier Ct. *Old K* —2G **5**
Napier Gdns. *Lin* —5A **14**
Napier Pl. *Old K* —2G **5**
Napier Pl. *H'ton I* —2H **17**
Napier St. *Clyd* —2E **9**
Napier St. *John* —2E **19**
Napier St. *Lin* —5A **14**
Navar Pl. *Pais* —3C **22**
Neilston Rd. *Pais* —2A **22**
Neil St. *Renf* —4F **9**
Ness Av. *John* —5C **18**
Ness Rd. *Renf* —5D **8**
Netherburn Av. *Hous* —3E **13**
Netherburn Gdns. *Hous*
—3E **13**
Nethercommon Ind. Est. *Pais*
—3A **16**
Nethercraigs Ct. *Pais* —6F **21**
Nethercraigs Dri. *Pais*
—5G **21**
Nethercraigs Rd. *Pais*
—6F **21**
Netherdale Dri. *Pais* —1H **23**
Nethergreen Wynd. *Renf*
—6D **8**
Netherhill Cotts. Pais —4C **16**
(off Netherhill Rd.)
Netherhill Cres. *Pais* —5C **16**
Netherhill Rd. *Pais* —5B **16**
Netherhill Way. *Pais* —4D **16**
Nethy Way. *Renf* —2H **17**
Neuk Av. *Hous* —2C **12**
Neuk Cres. *Hous* —1C **12**
Nevis Rd. *Renf* —2D **16**
Nevis Way. *Glas A* —2A **16**
Newall Rd. *Pais* —3B **16**
Newark Dri. *Pais* —5G **21**
New Av. *How* —2C **26**
Newburgh. *Ersk* —4E **5**
New Inchinnan Rd. *Pais*
—4A **16**
Newlands Gdns. *Eld* —4A **20**
Newmains Av. *Inch* —4F **7**
Newmains Rd. *Renf* —1D **16**
Newnham Rd. *Pais* —1G **23**
Newshot Dri. Clyd —2F **9**
(off Clydeholm Ter.)
Newshot Dri. *Ersk* —5F **5**
New Sneddon St. *Pais*
(in two parts)   —5A **16**
New St. *Kilb* —2A **18**
New St. *Loch* —5B **24**
New St. *Pais* —1A **22**
Newton Av. *Eld* —2C **20**
Newton Av. *Pais* —4D **16**
Newton Dri. *Eld* —2C **20**
Newton of Barr. *Loch*
—5A **24**
Newton Rd. *B'ton* —4F **3**
Newton St. *Pais* —1G **21**
Newton Ter. *Pais* —2D **20**
Newton Way. *Pais* —4D **16**
Newtyle Rd. *Pais* —1D **22**

Niddry St. *Pais* —6B **16**
Nightingale Pl. *John* —6D **18**
Ninian Av. *Hous* —3C **12**
Nith Av. *Pais* —3D **20**
Nith Dri. *Renf* —1G **17**
Nith Pl. *John* —5C **18**
Nith Way. *Renf* —1G **17**
N. Bank Pl. *Clyd* —1E **9**
N. Bank St. *Clyd* —1E **9**
N. Barr Av. *Ersk* —4E **5**
N. Corsebar Rd. *Pais* —3G **21**
N. Croft St. *Pais* —6B **16**
North Dri. *Lin* —5H **13**
N. Elgin Pl. *Clyd* —2E **9**
N. Elgin St. *Clyd* —1E **9**
N. Iverton Pk. Rd. *John*
—2G **19**
North La. *Lin* —5A **14**
N. Lodge Rd. *Renf* —5E **9**
North Rd. *John* —3E **19**
North St. *Hous* —1B **12**
North St. *Pais* —5A **16**
N. View Rd. *Bri W* —5H **11**
Nursery Av. *Ersk* —3C **4**

Oak Rd. *Pais* —4C **22**
Oakshaw Brae. *Pais* —6H **15**
Oakshawhead. *Pais* —6H **15**
Oakshaw La. W. *Pais* —6H **15**
Oakshaw St. E. *Pais* —6H **15**
Oaks, The. *John* —3E **19**
Oakwood Av. *Pais* —4F **21**
Ochil Dri. *Pais* —5H **21**
Ochil Rd. *Renf* —2D **16**
Old Bridge of Weir Rd. *Hous*
—1A **12**
Old Dalnottar Rd. *Old K*
—2F **5**
Old Ferry Rd. *Ersk* —3D **4**
Old Govan Rd. *Renf* —6H **9**
Old Greenock Rd.
B'ton & Ersk —2A **2**
Old Greenock Rd. *Inch* —1F **7**
Oldhall Rd. *Pais* —6E **17**
Old Moor Rd. *Pais* —2F **21**
Old Renfrew Rd. *G51* —1H **17**
Old Rd. *Eld* —2H **19**
Old Schoolhouse La. *Hous*
—1B **12**
Old Sneddon St. *Pais* —6A **16**
Oliphant Ct. *Pais* —5D **20**
Oliphant Cres. *Pais* —5C **20**
Oliphant Oval. *Pais* —5C **20**
Orchard St. *Pais* —1A **22**
Orchard St. *Renf* —5F **9**
Orchy Cres. *Pais* —4D **20**
Oronsay Ct. *Old K* —1G **5**
Oronsay Cres. *Old K* —1G **5**
Oronsay Gdns. *Old K* —1G **5**
Oronsay Pl. *Old K* —1G **5**
Oronsay Sq. *Old K* —1G **5**
Orr Sq. *Pais* —6A **16**
Orr St. *Pais* —2A **22**
(Neilston Rd.)

Orr St. *Pais* —6A **16**
(Oakshaw St.)
Ossian Av. *Pais* —6H **17**
Ottawa Cres. *Clyd* —3H **5**
Overton Cres. *John* —2H **19**
Overton Rd. *John* —3G **19**
Oxford Dri. *Lin* —5H **13**
Oxford Rd. *Renf* —6E **9**

PAISLEY CANAL STATION.
Pais —2A **22**
Paisley Cen., The. *Pais*
—1A **22**
PAISLEY GILMOUR ST.
STATION. *Pais* —6A **16**
Paisley Rd. *Renf* —3C **16**
Paisley Rd. W. *G52 & G5*
—1H **23**
PAISLEY ST JAMES STATION.
Pais —5G **15**
Palmerston Pl. *John* —5C **18**
Park Av. *Eld* —3A **20**
Park Av. *Pais* —4G **21**
Park Bank. *Ersk* —6F **5**
Park Brae. *Ersk* —1G **7**
Park Cres. *Inch* —2G **7**
Park Dri. *Ersk* —1F **7**
Park Gdns. *Kilb* —1B **18**
Park Ga. *Ersk* —1F **7**
Park Glade. *Ersk* —1F **7**
Park Grn. *Ersk* —1F **7**
Park Gro. *Ersk* —1G **7**
Park Hill. *Ersk* —6F **5**
Parkhill Dri. *Loch* —4C **24**
Parkinch. *Ersk* —1G **7**
Park Moor. *Ersk* —1F **7**
Park Pl. *John* —3F **19**
Park Ridge. *Ersk* —1F **7**
Park Rd. *Bri W* —2F **11**
Park Rd. *Inch* —2H **7**
Park Rd. *John* —3F **19**
Park Rd. *Mill P* —4C **18**
Park Rd. *Pais* —5H **21**
Parksail. *Ersk* —2G **7**
Parksail Dri. *Ersk* —1G **7**
Park Top. *Ersk* —6G **5**
Parkvale Cres. *Ersk* —1H **7**
Parkvale Dri. *Ersk* —1H **7**
Parkvale Gdns. *Ersk* —1H **7**
Parkvale Pl. *Ersk* —1H **7**
Parkvale Way. *Ersk* —1H **7**
Park View. *Kilb* —1A **18**
Park View. *Pais* —3H **21**
Park Winding. *Ersk* —1G **7**
Park Wood. *Ersk* —6G **5**
Patrick St. *Pais* —2B **22**
Pattison St. *Clyd* —4H **5**
Peace Av. *Bri W* —1B **10**
Peacock Av. *Pais* —3D **20**
Peacock Dri. *Pais* —3D **20**
Pearson Dri. *Renf* —1F **17**
Pearson Pl. *Lin* —6H **13**
Peat Rd. *Bri W* —4G **11**
Penilee Rd. *H'ton I & Pais*
—3F **17**

Penilee Ter. *G52* —4G **17**
Pennan. *Ersk* —5E **5**
Penneld Rd. *G52* —6H **17**
Pentland Av. *Lin* —6G **13**
Pentland Cres. *Pais* —5H **21**
Pentland Dri. *Renf* —3D **16**
Peockland Gdns. *John*
　　　　—2G **19**
Peockland Pl. *John* —2G **19**
Percy Rd. *Renf* —3C **16**
Perth Cres. *Clyd* —2H **5**
Peter Coats Building. *Pais*
　　　　—2A **22**
Peterson Dri. *G13* —1G **9**
Peterson Gdns. *G13* —1G **9**
Phoenix Ind. Est. *Pais*
　　　　—3H **15**
Phoenix Pl. *Eld* —2B **20**
Phoenix Retail Pk., The. *Lin*
　　　　—6C **14**
Piazza Shopping Cen. *Pais*
　　　　—6B **16**
Pine Cres. *John* —4G **19**
Pine Rd. *Clyd* —3H **5**
Pine St. *Pais* —3C **22**
Piper Av. *Hous* —3C **12**
Piper Rd. *Hous* —3C **12**
Pladda Rd. *Renf* —2F **17**
Plaintrees Ct. *Pais* —4A **22**
Planetree Pl. *John* —4G **19**
Plean St. *G14* —4H **9**
Plover Pl. *John* —6C **18**
Polson Dri. *John* —3E **19**
Polsons Cres. *Pais* —3H **21**
Poplar Av. *B'ton* —5H **3**
Poplar Av. *John* —4G **19**
Poplar Cres. *B'ton* —5H **3**
Porterfield Rd. *Renf* —6C **8**
Portessie. *Ersk* —5E **5**
Portland Rd. *Pais* —2D **22**
Portlethen. *Ersk* —5E **5**
Porton Pl. *B'ton* —4G **3**
Portpatrick Rd. *Old K* —1D **4**
Portsoy. *Ersk* —5E **5**
Portsoy Av. *G13* —1H **9**
Portsoy Pl. *G13* —1G **9**
Potterhill Av. *Pais* —5A **22**
Prestwick St. *G53* —6H **23**
Prieston Rd. *Bri W* —4E **11**
Princes Pk. *B'ton* —3C **4**
Princess Cres. *Pais* —6D **16**
Priory Av. *Pais* —4C **16**
Provost Clo. *John* —2F **19**

Quarrelton Rd. *John* —3E **19**
Quarreton Gro. *John* —4F **19**
Quarrybank. *Mill P* —3C **18**
Quarry Rd. *Pais* —4B **22**
Quarry St. *John* —2F **19**
Queen Elizabeth Av. *H'ton I*
　　　　—4G **17**
Queens Dri. *B'ton* —4H **3**
Queenside Cres. *Ersk* —6D **4**
Queen's Rd. *Eld* —3A **20**
Queen St. *Pais* —1G **21**

Queen St. *Renf* —6F **9**

Raasay Dri. *Pais* —6H **21**
Raeswood Dri. *G53* —5H **23**
Raeswood Gdns. *G53*
　　　　—5H **23**
Raeswood Pl. *G53* —5H **23**
Raeswood Rd. *G53* —5H **23**
Ralston Av. *Pais & G52*
　　　　—2H **23**
Ralston Ct. *G52* —1H **23**
Ralston Dri. *G52* —1H **23**
Ralston Path. *G52* —1H **23**
Ralston Pl. *G52* —1H **23**
Ramsay Av. *John* —4E **19**
Ramsay Cres. *Mill P* —3B **18**
Ramsay Pl. *John* —4E **19**
Ranfurly Ct. *Bri W* —4F **11**
Ranfurly Pl. *Bri W* —4F **11**
Ranfurly Rd. *G52* —6H **17**
Ranfurly Rd. *Bri W* —5F **11**
Rankine Pl. *John* —2F **19**
Rankine St. *John* —2F **19**
Rannoch Dri. *Renf* —5E **9**
Rannoch Pl. *Pais* —2C **22**
Rannoch Rd. *John* —4E **19**
Rashieburn. *Ersk* —5E **5**
Rashieglen. *Ersk* —5E **5**
Rashiehill. *Ersk* —5E **5**
Rashielee Rd. *Ersk* —5E **5**
Rashiewood. *Ersk* —5F **5**
Rashilee Av. *Ersk* —5F **5**
Rattray. *Ersk* —4E **5**
Ravenscraig Av. *Pais* —4G **21**
Ravenswood Av. *Pais*
　　　　—6C **20**
Redhurst Cres. *Pais* —6F **21**
Redhurst La. *Pais* —6F **21**
Redhurst Way. *Pais* —6F **21**
Redwood Cres. *B'ton* —4A **4**
Reelick Av. *G13* —1G **9**
Reelick Quad. *G13* —1G **9**
Regent St. *Pais* —6D **16**
Reid Av. *Lin* —6H **13**
Reilly Rd. *Hous* —6B **2**
Renfield St. *Renf* —5F **9**
Renfrew Rd. *Pais* —5B **16**
Renfrew Rd. *Renf* —1H **17**
Renshaw Rd. *B'ton* —4H **3**
Renshaw Rd. *Eld* —4A **20**
Revoch Dri. *G13* —2H **9**
Rhumor. *Mill P* —3C **18**
Riccartsbar Av. *Pais* —2G **21**
Richmond Dri. *Lin* —4G **13**
Richmond St. *Clyd* —1E **9**
Riddon Av. *G13* —1G **9**
Riddon Pl. *G13* —1G **9**
Riglands Way. *Renf* —6E **9**
Ritchie Cres. *Eld* —2A **20**
Ritchie Pk. *John* —2H **19**
Riverside. *Hous* —2D **12**
Roaden Av. *Pais* —6D **20**
Roaden Rd. *Pais* —6D **20**
Rock Dri. *Kilb* —3B **18**
Rockwell Av. *Pais* —5G **21**

Roffey Pk. Rd. *Pais* —6F **17**
Roman Av. *G15* —1H **9**
Rooksdell Av. *Pais* —4G **21**
Rosedale Av. *Pais* —6B **20**
Rosemount La. *Bri W*
　　　　—5D **10**
Rosewood Av. *Pais* —4F **21**
Ross Av. *Renf* —2C **16**
Rosshall Av. *Pais* —1E **23**
Ross Hall Pl. *Renf* —6F **9**
Rosshill Av. *G52* —6H **17**
Rosshill Rd. *G52* —6H **17**
Rossland Cres. *B'ton* —4G **3**
Rossland Pl. *B'ton* —5H **3**
Ross St. *Pais* —2C **22**
Rotherwick Dri. *Pais* —1G **23**
Rotherwood Av. *Pais* —5D **20**
Rotherwood Way. *Pais*
　　　　—5D **20**
Roundhill Dri. *Eld* —2C **20**
Rowan Av. *Renf* —5E **9**
Rowan Ct. *Pais* —3A **22**
Rowan Ga. *Pais* —3B **22**
Rowanlea. *John* —3E **19**
Rowanlea Av. *Pais* —6B **20**
Rowan Rd. *Lin* —4F **13**
Rowan St. *Pais* —3A **22**
Rowantree Pl. John —4F 19
(off Rowantree Rd.)
Rowantree Rd. *John* —4F **19**
Roxburgh Rd. *Pais* —6B **20**
Royal Inch Ter. *Renf* —4F **9**
Russell Pl. *Lin* —5F **13**
Russell Rd. *Clyd* —1H **5**
Russell St. *John* —2G **19**
Russell St. *Pais* —4H **15**
Ryatt Linn. *Ersk* —6D **4**
Ryefield Av. *John* —4D **18**
Ryefield Pl. *John* —4D **18**
Rye Way. *Pais* —4C **20**
Rylees Cres. *G52* —5G **17**
Rylees Pl. *G52* —5G **17**
Rylees Rd. *G52* —5G **17**

Sachelcourt Av. *B'ton* —5H **3**
St Abb's Dri. *Pais* —4E **21**
St Andrew's Cres. *Pais*
　　　　—2G **15**
St Andrew's Dri. *Abb* —3H **15**
St Andrew's Dri. *Bri W*
　　　　—4E **11**
St Andrew's Dri. W. *Glas A*
　　　　—2G **15**
St Andrew's Rd. *Renf* —6E **9**
St Boswell's Cres. *Pais*
　　　　—4E **21**
St Fillans Dri. *Hous* —1A **12**
St James Av. *Pais* —4F **15**
St James' St. *Pais* —6A **16**
St Machars Rd. *Bri W*
　　　　—4G **11**
St Mirren St. *Pais* —1A **22**
St Mungo Ct. *Bri W* —3G **11**
St Ninian's Cres. *Pais* —3B **22**
St Ninian's Rd. *Pais* —3B **22**

St Winmoc Rd. *Loch* —4C **24**
Salisbury Pl. *Clyd* —2H **5**
Sandend. *Ersk* —4E **5**
Sandend Rd. *G53* —6H **23**
Sanderling Pl. *John* —6D **18**
Sanderling Rd. *Pais* —3H **15**
Sandhaven Pl. *G53* —6H **23**
Sandhaven Rd. *G53* —6H **23**
Sandholes Rd. *Brkfld & Hous*
　　　　—6C **12**
Sandholes St. *Pais* —1G **21**
Sandholm Pl. *G14* —4H **9**
Sandholm Ter. *G14* —4H **9**
Sandielands Av. *Ersk* —2H **7**
Sandpiper Rd. *Loch* —5B **24**
Sandringham Dri. *Eld*
　　　　—4H **19**
Sandwood Cres. *G52* —6H **17**
Sandwood Path. *G52* —6H **17**
Sandwood Rd. *G52* —1H **23**
Sandyford Rd. *Pais* —3C **16**
Sandy Rd. *Renf* —2E **17**
Saucel Hill Ter. *Pais* —2A **22**
Saucel St. *Pais* —1A **22**
Scadlock Rd. *Pais* —5F **15**
Scarffe Av. *Lin* —6F **13**
Schaw Rd. *Pais* —5C **16**
School Rd. *Pais* —6G **17**
School Wynd. *Pais* —6A **16**
Scott Av. *John* —5E **19**
Scott Pl. *John* —5E **19**
Scott Rd. *G52* —3H **17**
Scott's Rd. *Pais* —2D **22**
Scott St. *Clyd* —3H **5**
Seaforth Rd. N. *H'ton I*
　　　　—4H **17**
Seaforth Rd. S. *G52* —4H **17**
Second Av. *Renf* —2E **17**
Seedhill. *Pais* —1B **22**
Seedhill Rd. *Pais* —1B **22**
Selkirk Av. *Pais* —4E **21**
Selvieland Rd. *G52* —6H **17**
Sempill Av. *Ersk* —5D **4**
Semple Av. *B'ton* —4H **3**
Semple Av. *Loch* —4B **24**
Semple Pl. *Lin* —4H **13**
Semple View. *How* —2C **26**
Sergeantlaw Rd. *Pais* —6E **21**
Shanks Cres. *John* —3E **19**
Shaw Av. *B'ton* —4A **4**
Shaw Ct. *Ersk* —4D **4**
Shaw Pl. *Lin* —6H **13**
Sheldrake Pl. *John* —6D **18**
Sherwood Av. *Pais* —5C **16**
Shilford Av. *G13* —2H **9**
Shillingworth Pl. *Bri W*
　　　　—5F **11**
Shilton La. *B'ton* —3C **4**
Shortroods Av. *Pais* —4H **15**
Shortroods Cres. *Pais*
　　　　—4H **15**
Shortroods Rd. *Pais* —4H **15**
Shuttle St. *Kilb* —1A **18**
Shuttle St. *Pais* —1A **22**
Silk St. *Pais* —6B **16**
Simons Cres. *Renf* —4F **9**

Sinclair St. *Clyd* —1F **9**
Sir Michael Pl. *Pais* —1H **21**
Sixth Av. *Renf* —2E **17**
Skye Av. *Renf* —2E **17**
Skye Cres. *Old K* —2G **5**
Skye Cres. *Pais* —6H **21**
Skye Dri. *Old K* — 2G **5**
Smithhills St. *Pais* —6A **16**
Smith's La. *Pais* —5A **16**
Smith Wlk. *G14* —3G **9**
Sollas Pl. *G13* —1G **9**
Somerled Av. *Pais* —2B **16**
South Av. *Pais* —5B **22**
South Av. *Renf* —6F **9**
S. Bank St. *Clyd* —2E **9**
Southbar Av. *G13* —2H **9**
Southbar Rd. *Inch* —3E **7**
Southbrae Av. *Bri W* —4D **10**
S. Campbell St. *Pais* —2A **22**
S. Douglas St. *Clyd* —1E **9**
South Dri. *Lin* —5H **13**
S. Elgin Pl. *Clyd* —2E **9**
S. Elgin St. *Clyd* —2E **9**
Southfield Av. *Pais* —5A **22**
Southinch Av. *G14* —3G **9**
S. Mound. *Hous* —1A **12**
South Pk. Dri. *Pais* —3A **22**
South St. *G14 & G11* —5H **9**
South St. *Hous* —1A **12**
South St. *Inch* —5F **7**
Southview Cres. *Bri W*
　　　　　　　　　　—2F **11**
S. William St. *John* —3F **19**
Southwold Rd. *Pais* —6G **17**
Spateston Rd. *John* —6C **18**
Speirsfield Gdns. *Pais*
　　　　　　　　　　—2A **22**
Speirshall Clo. *G14* —4H **9**
Speirshall Ter. *G14* —3G **9**
Speirs Rd. *John* —2H **19**
Spencer Dri. *Pais* —5B **20**
Spey Av. *Pais* —5C **20**
Spey Dri. *Renf* —1G **17**
Spey Pl. *John* —5C **18**
Spiers Pl. *Lin* —4A **14**
Spiers Rd. *Hous* —1B **12**
Spiers Rd. *Loch* —4A **24**
Spinners Gdns. *Pais* —2F **21**
Springbank Rd. *Pais* —4H **15**
Springbank Ter. *Pais* —4H **15**
Springfield Av. *Pais* —1D **22**
Springfield Pk. *John* —3G **19**
Springfield Woods. *John*
　　　　　　　　　　—3G **19**
Spruce Av. *John* —4G **19**
Staffa Av. *Renf* —2E **17**
Staffa Dri. *Pais* —6A **22**
Stanely Av. *Pais* —5F **21**
Stanely Ct. *Pais* —5F **21**
Stanely Cres. *Pais* —5F **21**
Stanely Dri. *Pais* —4G **21**
Stanely Rd. *Pais* —4G **21**
Stanka Av. *Pais* —2G **21**
Stanley Dri. *Brkfld* —6C **12**
Stanley La. *Brkfld* —6C **12**
Station Av. *How* —2C **26**

Station Cres. *Renf* —5F **9**
Station Rise. *Loch* —5B **24**
Station Rd. *B'ton* —5H **3**
Station Rd. *Kilb* —3A **18**
Station Rd. *Kilb* —1B **26**
Station Rd. *Old K* —1F **5**
Station Rd. *Pais* —2E **21**
Station Rd. *Renf* —5F **9**
Station Wynd. *Kilb* —3B **18**
Steeple Sq. *Kilb* —2A **18**
Steeple St. *Kilb* —2A **18**
Stepends Rd. *Loch* —2B **24**
Stephenson St. *H'ton I*
　　　　　　　　　　—3G **17**
Stevenson St. *Pais* —2A **22**
Stevens Pas. *Pais* —6A **16**
Stewart Av. *Renf* —2D **16**
Stewart Rd. *Pais* —5B **22**
Stirling Dri. *John* —3D **18**
Stirling Dri. *Lin* —6F **13**
Stirling Way. *Renf* —2F **17**
Stirrat St. *Pais* —4F **15**
Stock Av. *Pais* —2A **22**
Stockholm Cres. *Pais* —2A **22**
Stock St. *Pais* —3A **22**
Stoddard Sq. *Eld* —2B **20**
Stonefield Av. *Pais* —4B **22**
Stonefield Cres. *Pais* —4B **22**
Stonefield Dri. *Pais* —4B **22**
Stonefield Gdns. *Pais* —4B **22**
Stonefield Grn. *Pais* —4A **22**
Stonefield Pk. *Pais* —5A **22**
Stoney Brae. *Pais* —5A **22**
　(in two parts)
Stony Brae. *Pais* —6A **16**
Storie St. *Pais* —1A **22**
Stow Brae. *Pais* —1A **22**
Stow St. *Pais* —1A **22**
Strathcarron Rd. *Pais*
　　　　　　　　　　—5D **22**
Strathdon Av. *Pais* —3G **21**
Strathmore Av. *Pais* —1F **23**
Strauss Av. *Clyd* —1G **9**
Stravaig Path. *Pais* —6E **21**
Stravaig Wlk. *Pais* —6E **21**
Strawberry Field Rd. *C'lee*
　　　　　　　　　　—2B **12**
Stuart Av. *Old K* —2F **5**
Stuart Rd. *B'ton* —3H **3**
Stuart St. *Old K* —2F **5**
Sunart Av. *Renf* —5D **8**
Sunningdale Dri. *Bri W*
　　　　　　　　　　—5E **11**
Sunnylaw Dri. *Pais* —3F **21**
Sunnyside Rd. *Pais* —4H **21**
Sutherland St. *Pais* —6H **15**
Swallow Gdns. *G13* —2H **9**
Swan Pl. *John* —6C **18**
Swift Cres. *G13* —1H **9**
Swift Pl. *John* —6D **18**
Sycamore Av. *John* —4G **19**
Sydney St. *Clyd* —3H **5**

Talisman Rd. *Pais* —6C **20**
Tanar Av. *Renf* —2G **17**

Tanar Way. *Renf* —1G **17**
Tandlehill Rd. *Mill P* —4A **18**
Tannahill Cen. *Pais* —5E **15**
Tannahill Cres. *John* —4E **19**
　(in two parts)
Tannahill Rd. *Pais* —5F **15**
Tannahill Ter. *Pais* —5F **15**
Tantallon Dri. *Pais* —4E **21**
Tarras Dri. *Renf* —2G **17**
Tay Av. *Pais* —4D **20**
Tay Av. *Renf* —6G **9**
Taylor Av. *Kilb* —2A **18**
Taylor St. *Clyd* —1E **9**
Tay Pl. *John* —5C **18**
Teal Dri. *G13* —2H **9**
Teith Av. *Renf* —1H **17**
Tennant Rd. *Pais* —5F **15**
Tennant St. *Renf* —5F **9**
Tern Pl. *John* —6D **18**
Teviot Av. *Pais* —5C **20**
Teviot Dri. *B'ton* —5A **4**
Teviot Ter. *John* —5C **18**
Third Av. *Renf* —6F **9**
Thirdpart Cres. *G13* —2G **9**
Thistleneuk. *Old K* —1E **5**
Thistle St. *Pais* —3G **21**
Thomas St. *Pais* —1F **21**
Thompson St. *Renf* —1E **17**
Thomson Av. *John* —2E **19**
Thomson St. *John* —3E **19**
Thorndene. *Eld* —2H **19**
Thorne Brae. *John* —2G **19**
Thornhill. *John* —3H **19**
Thornhill Av. *Eld* —3H **19**
Thornhill Dri. *Eld* —3H **19**
Thornhill Gdns. *John* —2G **19**
Thornly Pk. Av. *Pais* —5B **22**
Thornly Pk. Dri. *Pais* —5B **22**
Thornly Pk. Gdns. *Pais*
　　　　　　　　　　—4B **22**
Thornly Pk. Rd. *Pais* —5B **22**
Thornside Rd. *John* —2G **19**
Thornwood Dri. *Bri W*
　　　　　　　　　　—4D **10**
Thornwood Dri. *Pais* —3F **21**
Thorp Ct. *John* —3G **19**
Thriplee Rd. *Bri W* —3E **11**
Thrushcraig Cres. *Pais*
　　　　　　　　　　—3B **22**
Thrush Pl. *John* —6D **18**
Tillet Oval. *Pais* —4H **15**
Tinto Sq. *Renf* —2D **16**
Tinwald Path. *G52* —6H **17**
Tiree Av. *Pais* —6H **21**
Tiree Av. *Renf* —3E **17**
Tiree Gdns. *Old K* —1G **5**
Tiree Pl. *Old K* —1G **5**
Tirry Av. *Renf* —1H **17**
Tirry Way. *Renf* —1H **17**
Todburn Dri. *Pais* —6B **22**
Todholm Cres. *Pais* —3D **22**
Todholm Rd. *Pais* —3D **22**
Todholm Ter. *Pais* —3D **22**
Toppersfield. *Mill P* —3C **18**
Torr Av. *Quar H* —1A **10**
Torr La. *Bri W* —1A **10**

Torr Rd. *Bri W* —2C **10**
Tower Cres. *Renf* —1D **16**
Tower Dri. *Renf* —1D **16**
Tower Pl. *John* —4G **19**
Tower Rd. *John* —4F **19**
Tower Ter. *Pais* —1H **21**
Townhead Ter. *Pais* —1H **21**
Traquair Av. *Pais* —5C **20**
Trident Way. *Renf* —2E **17**
Trigg St. *Pais* —2E **21**
Troon Dri. *Bri W* —4E **11**
Troubridge Av. *Mill P* —4B **18**
Troubridge Cres. *Mill P*
　　　　　　　　　　—3B **18**
Tummell Way. *Pais* —4D **20**
Turnberry Dri. *Bri W* —5E **11**
Turner Rd. *Pais* —3B **16**
Turnhill Av. *Ersk* —2F **7**
Turnhill Cres. *Ersk* —2F **7**
Turnhill Dri. *Ersk* —2F **7**
Turnhill Gdns. *Ersk* —2F **7**
Turnyland Meadows. *Ersk*
　　　　　　　　　　—2F **7**
Tweed Av. *Pais* —3D **20**
Tweed Cres. *Renf* —6G **9**
Tweed Pl. *John* —5C **18**
Tweedvale Av. *G14* —3G **9**
Tweedvale Pl. *G14* —3G **9**
Tylney Rd. *Pais* —6F **17**

Ulundi Rd. *John* —3D **18**
Underwood La. *Pais* —6H **15**
Underwood Rd. *Pais* —6G **15**
Union St. *Pais* —3A **22**
Unsted Pl. *Pais* —1C **22**
Urquhart Cres. *Renf* —1E **17**

Valetta Pl. *Clyd* —4H **5**
Vancouver Pl. *Clyd* —4H **5**
Vanguard Way. *Renf* —2E **17**
Vennacher Rd. *Renf* —5C **8**
Vernon Dri. *Lin* —5G **13**
Victoria Dri. E. *Renf* —1E **17**
Victoria Dri. W. *Renf* —6D **8**
Victoria Gdns. *Pais* —3G **21**
Victoria Rd. *Brkfld* —6D **12**
Victoria Rd. *Pais* —3G **21**
Victory Dri. *Kilb* —1A **18**
Viewfield Av. *Loch* —5A **24**
Viking Cres. *Hous* —3D **12**
Viking Way. *Renf* —2E **17**
Violet St. *Pais* —1C **22**
Viscount Av. *Renf* —2E **17**

Walker Dri. *Eld* —3H **19**
Walker St. *Pais* —1H **21**
Walkinshaw Cres. *Pais*
　　　　　　　　　　—5F **15**
Walkinshaw Rd. *Renf* —6F **7**
Walkinshaw St. *John* —2G **19**
Walkinshaw Way. *Pais*
　　　　　　　　　　—4A **16**
Wallace Av. *B'ton* —4H **3**

Wallace Av. *Eld* —2A **20**
Wallace Rd. *Renf* —2C **16**
Wallace St. *Clyd* —1D **8**
Wallace St. *Pais* —5A **16**
Wallneuk. *Pais* —6B **16**
Wallneuk Rd. *Pais* —6B **16**
Walnut Cres. *John* —4H **19**
Walpole Pl. *John* —6D **18**
Wardhouse Rd. *Pais* —6G **21**
Wardrop St. *Pais* —1A **22**
Warlock Dri. *Bri W* —2F **11**
Warlock Rd. *Bri W* —2F **11**
Warwick Vs. Clyd —2G **9**
(off Edward St.)
Washington Rd. *Pais* —3B **16**
Waterside La. *Mill P* —3C **18**
Waterston Way. *Loch*
—4B **24**
Watson Av. *Lin* —5H **13**
Watt La. *Bri W* —4G **11**
Watt Rd. *G52* —4H **17**
Watt Rd. *Bri W* —4F **11**
Waverley Ct. *Pais* —5D **20**
Waverley Gdns. *Eld* —3B **20**
Waverley Rd. *Pais* —6D **20**
Waverley Way. *Pais* —6D **20**
Weaver La. *Kilb* —1A **18**
Weavers Av. *Pais* —2F **21**
Weavers Rd. *Pais* —2F **21**
Weaver Ter. *Pais* —2C **22**
Webster St. *Clyd* —1G **9**
Weeple Dri. *Lin* —5G **13**
Weighhouse Clo. *Pais*
—1A **22**
Weir St. *Pais* —6B **16**
Wellington Pl. *Clyd* —4H **5**
Wellington St. *Pais* —5H **15**

Wellington Way. *Renf*
—2E **17**
Wellmeadow St. *Pais* —1H **21**
Well Rd. *Kilb* —2A **18**
Well St. *Pais* —6G **15**
Wendur Way. *Pais* —3A **16**
Wenlock Rd. *Pais* —3B **22**
West Av. *Renf* —6F **9**
West Brae. *Pais* —1H **21**
W. Buchanan Pl. *Pais*
—1H **21**
Westburn Av. *Pais* —6F **15**
Westburn Way. *Pais* —6F **15**
W. Campbell St. *Pais* —1F **21**
West Ct. *Clyd* —3H **5**
West Ct. *Pais* —1E **21**
Wester Carriagehill. *Pais*
—3H **21**
Western Isles Rd. *Old K*
—1G **5**
Westlands Gdns. *Pais*
—3H **21**
West La. *Pais* —1F **21**
W. Lodge Rd. *Renf* —5D **8**
Westpark Dri. *Pais* —6F **15**
W. Porton Pl. *B'ton* —3F **3**
West Rd. *Kilb* —1A **18**
West St. *Clyd* —1G **9**
West St. *Pais* —1G **21**
Westwood Gdns. *Pais*
—6F **15**
Wheatlands Dri. *Kilb* —1A **18**
Wheatlands Farm Rd. *Kilb*
—1A **18**
Whinhill Rd. *Pais* —3D **22**
Whirlie Dri. *C'lee* —3B **12**
Whirlie Rd. *C'lee* —2B **12**

Whitebridge Av. *Pais* —1D **20**
Whitebridge Clo. *Pais*
—6D **14**
White Cart Rd. *Glas A*
—2A **16**
Whitecrook St. *Clyd* —1D **8**
Whiteford Rd. *Pais* —3C **22**
Whitehaugh Av. *Pais* —6D **16**
Whitehaugh Dri. *Pais* —6D **16**
Whitehills. *Ersk* —5E **5**
White St. *Clyd* —2F **9**
Wickets, The. *Pais* —2C **22**
Williamsburgh Ct. Pais
(off Ladyburn St.) —1C **22**
Williamsburgh Ter. *Pais*
—6C **16**
Williamson Pl. *John* —3H **19**
William St. *John* —2F **19**
William St. *Pais* —1G **21**
Willow Av. *Eld* —3A **20**
Willow Dri. *John* —4F **19**
Willow Pl. *John* —3G **19**
Wilson Av. *Lin* —5G **13**
Wilson Rd. *Bri W* —3E **11**
Wilson St. *Pais* —1G **21**
Wilson St. *Renf* —5F **9**
Windsor Cres. *Eld* —4H **19**
Windsor Cres. *Pais* —5C **16**
Windsor Rd. *Renf* —1E **17**
Wirran Pl. *G13* —1G **9**
Woodbank Cres. *John*
—3F **19**
Woodburn Pl. *Hous* —4E **13**
Woodend Dri. *Pais* —1F **23**
Woodend Pl. *Eld* —3H **19**
Woodford Pl. *Lin* —5G **13**
Woodland Av. *Pais* —5A **22**

Woodlands Cres. *John*
—4D **18**
Woodneuk Ct. *Pais* —1E **21**
Wood Quad. *Clyd* —1G **9**
Woodside. *Hous* —2D **12**
Woodside Av. *Bri W* —2F **11**
Woodside Cres. *Pais* —1G **21**
Woodside La. *Brkfld* —5D **12**
Woodside Rd. *Brkfld* —5C **12**
Woods La. *Renf* —6E **9**
Woodstock Av. *Pais* —5C **20**
Woodstock Way. *Pais* —5C **20**
Wood St. *Pais* —2D **22**
Woodvale Dri. *Pais* —6E **15**
Wraisland Cres. *B'ton* —3F **3**
Wren Pl. *John* —6D **18**
Wrightlands Cres. *Ersk*
—2A **8**
Wright St. *Renf* —1B **16**
Wyvis Av. *G13* —1H **9**
Wyvis Pl. *G13* —1H **9**
Wyvis Quad. *G13* —1H **9**

Yair Dri. *G52* —5H **17**
Yarrow Cres. *B'ton* —5A **4**
Yetholm St. *G14* —3G **9**
Yew Pl. *John* —4F **19**
Yokerburn Ter. *Clyd* —2F **9**
Yoker Ferry Rd. *G14* —3G **9**
Yoker Ind. Est. *G14* —3H **9**
Yoker Mill Gdns. *G13* —2G **9**
Yoker Mill Rd. *G13* —2G **9**
York Way. *Renf* —2E **17**

Zetland Rd. *H'ton I* —3H **17**